聞き書き 伝統建築の家

造る 住む 直す 職人の技

原田紀子
HARADA Noriko

農文協

はじめに

日本の伝統技術が失われつつあることを残念に思い、私はここ三十年ほど、伝統技術の手職の人の話を記録しようと聞き書きを行なってきた。漁業、農業、林業で伝統的な昔ながらの方法を行なっている人、日本の木の家を造る人直す人、住む人、着物をつくる人、着る人、伝統芸能を演ずる人、伝統文化を支える材料や道具を生産する人などいろいろな分野の人々である。直接の仕事の話以外に、昔の生活や民俗的に貴重な話まで話題を広げて質問に答えてもらった。

なかでも私は木の家に強い関心があり、伝統建築の愛好会である「浦和宿けやきの会」を主宰していた。まず法隆寺棟梁の西岡常一さんが言う「日本の木の家」とは何か、またそれを実際に造っている職人たちの聞き書きを『西岡常一と語る　木の家は三百年』としてまとめた。次によいとまけをして土搗《づ》きをし、礎石を置き、その上に柱を立て、木（小）舞をかき壁土を塗る茅葺きの小さな木の家を建てた。それを造りあげる職人、生産者の話を『伝統技法で茅葺き小屋を建ててみた』としてまとめた。

西岡さんは、「日本の伝統的な木の家は三百年もつ」と語っていた。「棟梁が設計、施工し、自ら山で木を選んでくる。地を搗き石を置きその上に柱を立てる。木の枘《ほぞ》を柱に通して栓でとめる在来工法で建てるならば三百年もつ」そして「今の工法はあきませんよ。建築基準法でやったら駄目」と。日本の建築基準法では平屋建てで五〇平方メートル以上の建築物の土台はコンクリート造りの布基礎に緊結しなければならないことになっており、伝統的な工法の木の家を新たに造ることはできない。そこで二〇〇三年に、わずか三坪ながら伝統的な工法で茅葺きの小屋を建ててみたのである。

その後も日本から伝統の木の家はどんどん、ものすごい速さで失われていった。都市部ではマンション・駐車場に替わり、過疎地では解体すらされずに朽ち果てていく姿が見受けられる。関係する職人から新築はもちろん修理の仕事もないと廃業・転職する話を聞くことが多くなった。貴重な技術の話を失われる前に聞いておかなくてはと思い、伝統建築の維持、管理に重点をおいて聞き書きをすすめ、『グリーン・パワー』（公益財団法人森林文化協会）に「日本の家を直して使う」として連載した。

連載に加筆し、その後の取材と合わせ、伝統建築の新築だけでなく三百年たって傾いてしまった建物を直す大工、漆喰壁の仕上げにこてと手で押し、布で水分を拭き取り顔が映るくらい磨く左官、自分で茅を栽培し、修理も行なう茅葺き農家の住人など、いまどき奇跡ともいえる技を持つ方々の話を本書にまとめた。

おりしも二〇一八年三月、政府は国連教育科学文化機関（ユネスコ）に、伝統的な建造物の修理や木工、屋根瓦葺など一四件を一括し「伝統建築工匠の技：木造建造物を受け継ぐための伝統技術」として無形文化遺産の候補に提案した（二〇一九年二月に三件追加。審議・決定は二〇二〇年の予定）。

また新築の技術や、日本建築に欠かせない庭園・石垣の技術等をユネスコへの申請範囲に含めることを要望し、伝統建築にかかわる多くの職人や団体が参加していけるよう、呼びかける会も結成された。こうした動きが発展し、伝統建築の新築が実現したらどんなにすばらしいことだろう。もし「伝統建築工匠の技」が無形文化遺産に登録されるならば、建物における手職技術の継承が期待できる。この本の執筆がうれしい作業となった。

平成三十一年四月

原田紀子

目次

第2章 伝統工法の素材をつくる

第3章 伝統工法の家に住む

第1章
伝統工法で家を造る

伝統工法で家を造る

日本の木の家は見ているだけで心がなごみ、美しいとしみじみ思う。山間にあって林業や段々畑を営む家、穀倉地帯の防風林を背にする家、街中でも江戸の面影を残す町家。なんと日本の家は美しいのだろう。まさに絵になる建物である。芸術といってもよいのではないか。工場で造られ現地で組み立てるような家はこのような雰囲気を出すことはできない。

また、霞が関ビルの柔軟構造や最近工事が行なわれている免震構造はその原理を伝統建築に学んでいるという。コンピュータもない時代からこうした構造の建物を造ってきた技術はすばらしい。

多くの職人が日本の家を造ることにかかわっており、それぞれがこだわりを持って、丈夫さだけでなく、美しさも追求している。この章ではそうした普通の、しかし科学者であり芸術家ともいえる職人たちを紹介する。

1　伝統工法にこだわる――大工　星《ほし》清信《きよのぶ》さん

昭和二十一（一九四六）年生まれ。福島県南会津郡南会津町湯ノ花で伝統建築を専門に大工をしてきた。現在は完全予約制の「裁ちそば処　瀧音《たきね》」も経営。

靴屋をやめて大工になる

うちのおやじは、もともとは木地師なんです。ほかから来て、ここで木地挽きしてた。昭和十年代のころだから、この奥に水車を回しているところがあって、山で原木を伐って、水車でろくろを削ったって言ってました。

俺はここで生まれたんです。この家の木の黒い部分は、昭和十三年に、おやじが新潟から来た大工さんに頼んで建ててる。そのころのこの辺の大工さんは、ほとんど新潟の西蒲原郡のほうから来てるんだなあ。うちのおやじがやめるころはだんだん木地の仕事がなくなってきたんじゃないかな。こっちでは仕上げないで、粗取りってか、粗挽きして日光あたりにも出していたっていう話だ。向こうでもどんどん挽いてたから。

うちのおやじは、木地屋をやめてから、見よう見まねというか、大工でずーっと何年も。二、三十年やったのかな。

俺は、本当は中途半端な人間なもんで、大工さんになったのも、すごく遅いんです。最初は革靴つくってた。中学校終わって、茨城県日立市で、十六歳ぐらいから二十一歳までは革靴つくり。靴の本場浅草に、みんなで研修旅行に行った。タカタカタカタカと一分間に七足できるんだよな、機械で。俺は朝から晩まで一日座って一足しかできないのに。そのときもう、やんなっちゃった。いくらワニでも、コードバンとかトカゲとかって、そういう高級なやつで靴をつくってても、やっぱりなあ。それで、「俺、やめた。帰る」って言って、でも丁稚奉公五年、お礼奉公一年で、六年は革靴つくり。で、二十一歳でやめて帰って来て、それで、大工になった。

そのころは何をやるったって、仕事があんまりなかった。大工が手っ取り早いから大工になった。でも、まあ、好きだった、ものづくりがな。だけど、おやじには付かないで、同じ村の全然違うところの弟子に入った。修業の弟子にしてくれって、二年間だけ弟子に入って、二年でまあいちおうある程度できて。二十五、六にはここで独立した。

伝統工法でやりたい

あのころは、仕事はあった、あった。年に四軒、五軒建てて。そういう時代だった。そのあとはだんだん減っていった。上棟式の祝詞《のりと》を神主に教わったりして書いて、その紙に続けて自分の覚え書きとして、弟子入りしてからやった仕事を、昭和五十二、三年ころから書いて残してある。五十三年だと三軒ぐらいやったなあ。五十四、五十五、五十七年。このころは、一、二、三、四軒ぐらい。五十八年は民宿、旅館なんかも建てた。昔はこういう仕事もあったんだけどなあ。五十九年は一軒、二軒、三軒。六十年代。六十三年に「本家亀屋」さん（写真2）。民宿開業するための修理だった。もうそういう時代は終わったよな。こんなに建てて、楽しかったな。

このころは木山《もとやま》って、山で木を伐るところから、やったもんです。自分で山に行って、木取りして、「ここ伐ってくれ」って言って、伐ってもらった。その小口に丸太、角材、梁、桁って書いておくんです。一月の末、二月から、山出しやって、木はそれぞれの家の山からちびちび出すわけ。それを製材所まで運んでもらって、製材できた時分から刻んでいく。春の五月、六月ごろにもう、三つなら三つぐらい同時に家を建てちゃう。

家の基礎など下は法律（建築基準法）でとにかくしょうがないので、コンクリートをべた打ちにして、布基礎立ち上げて、土台にアンカー入れるけど、上だけは、伝統工法でやりたいぞって、俺はずっと思ってきたわけ。自分としては、上の部分は、とにかく鴨居差し（長押《なげし》の付かない幅の広い鴨居、農家などに見られる）で、全部やりたいっていうのが、まあ仕事がなくなった一つの要因でもあるんでな。今は、みんな若い人がもう、（ホッチキスみたいに）ポンポンポンって打って、クロスの一枚で仕上げだよ。だから、この辺全体の家がもう、みんな、ハウスみたいなやつになってしまった。伝統工法とか、そんなのはもう向こう行っちゃって。それが俺、嫌いでやらなかったの。

じつは、俺の息子も大工にしたんです。だけど、ここ十年、年間通しての仕事がなくなっちゃって。五月から十一月までは仕事あっても、今度、十二、一、二、三、四月、半年間仕事ないの。これで

写真1　自宅兼手打ち蕎麦の店瀧音の前で、星清信さん

写真2　元禄14（1701）年建築の本家亀屋の前で、宿のご主人の星昭男さんの母のタイコさん

はもう生活できないでしょ。それで、もう今はサラリーマンなっちゃった。

今、耐震、免震っていうけど、昔の石場建て（写真3）のやつは、ま、免震だよな。動くからいい。だから、俺は、むしろ、アンカーボルトは四分のボルトであれば、八分の刻み入れ、余裕を持たせておくんだよね。あんまりきっちり締めたって、意味がねえから。「なんで、そんな太い錐揉む《きり》（穴を大きめに開ける）んだ」って言われるけど、揺れたときに、余裕があったほうが、家のためにはいいんだよ。

不同沈下を直す

この家（写真4）は上げたんだ。元は、この下だ。道路に合わせてだいたい一メーター二〇ぐらい上げたんです。これは、もともとそんなに曲がってなかったし、石の上に載っかっているだけだから、それをこう、そのまま上げた。

たとえば、石が沈めば、全部、家全体上げておくんです。それで元の石の高さに戻してやる。また、土台が腐っていれば、上げておいて、腐った土台を取り換えちゃう。

結局、昔のうちは、大黒柱があって、下に石があっぺ。そうすると、大黒柱に、五寸の九寸から五寸角くらいの縁《えん》ぶち（大黒柱の足元に左右から差し込む材）が入っている。ここのところで上げられるんだ。その下に櫓《やぐら》組んでジャッキで上げる。反対側も、縁ぶちが入っているから、たとえば、ジャッキで縁ぶちを上げたら、間をくぐってきて、ここさ、反対側の縁ぶちに櫓を組む。こっち上げておいて、ま

たそっちに櫓組む。この間でだんだんジャッキを持って、上げながら、両方を均一になるように、こっちを上げたらそっちも上げて、平らにして。で、最後、できっところで、石上げる。下には、ぐり石やって、コンクリを打って、石をまたその上載っけて、同じ高さにする。

亀屋さんは、そんなにいじってない。あれ、大黒柱が少し下がっていたから、ジャッキで大黒を少

写真3　石場建ての例。礎石の上に直接柱を立てる伝統工法

写真4　道路まで1m20cm上げた自宅兼店舗

し上げて、栗の堅いくさびを入れて上げただけだ。石はいじんなかった。とにかく平らにするんだけど。くさびは何枚だったかな、四面に。そんなの一五センチも二〇センチも上げるわけでねえから、狂い取っておくぐらい。昔地主だったから立派な家だ。もう三百年もたっているやつだから、今のやり方にしてはまずいだろうとそんなにいじらなかった。

三日考えて家を持ち上げた

大きな建物でやったのは、平成十二年に修理した塩ノ原の泉光寺なんだけど。正徳年間（一七一一〜一六）に火災にあって、再建したという建物。

その当時大工さんもいっぱいいいた。でも、やっぱりできなかった。もう、誰も手を出さなかったんですよ、怖くて。何とか、お前ならできねえかと言われて。

何百年もたっているお寺だから、土台も載っていた石からずれて飛び出してしまって。拝殿なんか、一緒に上げなきゃいけないから、あれは、ほんと大変だった。

礎石を、いちおう全部上げた。櫓を下に組み上げて、家を上げておいて（写真5）、材木据えて、土台もそっくり取り換えて（写真6）、また元に戻した。下ろしたわけ。これは、ほんと大変な仕事だったなあ。家が動かなくて。

んで、三日ぐらい寝ても起きてもどうやったら動くのって考えた。でも、動かなかったもんだから。

動かないんです。とにかくこんな大きな建物だよ。お寺だから、本堂。なんで動かないかなって。なんぼやっても動かないんです。

どうしたら動いたと思うね。いやあ、お寺は、本堂にけっこう丸太の柱があって、こっちに拝む薬師が座ってる。あの一番真ん中に立っている、この柱を上げたら、周りは勝手に上がっちゃった。

写真5　星さんがきりんとジャッキを使って直した泉光寺本堂の床下の様子（泉光寺工事記録写真より転写）

写真6　泉光寺本堂全体を上げている（泉光寺工事記録写真より転写）

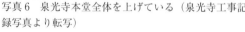

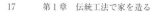

このときは「きりん」（キリンジャッキ）で上げた。きりんっていうのは、江戸時代、あったんでねえのかな。醤油を絞るのは、昔から、きりんで大豆を絞ったから。きりんというのは、村で回して使ったんだな。一軒で持たなく、けっこう貴重な物だったんだよ、あれ。だから、今日は、あそこで醤油絞りとかあったときは、回して、絞った。で、きりんは、ごろっと寝るっていうことがないべ。おっかなくねえんだな。ジャッキはこうやってガガンとなると、ドサッと落ちちゃうから。

土台が、そっちへ飛び出し、こっちへ飛び出したやつを、真っすぐにして直さなくちゃならない。土台がいごいちゃってるから元のレベルの高さが分かんない。でも拝殿の高さが決まってるから変な上げ方したら、傾いちゃう。拝殿のレベルに合わせて、石に聞くっていうか、高さを出すんだな。土台は栗の木で直した。

柱は腐ってたから、そこでつないだんだ。下ろしたときに、ぴったりいかないと困るから、新しく継いだ柱はレベルに合うように、全部光付け（写真7）してやる。

そっくり移築してやんだらば、難しくねえんだがな。一番最初に拝殿の高さに合わせてレベル決めれば、あとは柱の下の礎石の高さも決まる。レベル決まっちゃえば、難しくねえってば、難しくない。あれは、基礎も半年でやった。基礎から何から、（建物の）上げ、曳きから全部もう息子と弟子と、三人でやったの。（鳶の）頭《かしら》とか土建業者とか何とか、そういうのもいっさい頼まないで。檀家から集めた寄付で屋根もやって、全部直して八〇〇万円ぐらいだった。

明治の家を移築

前沢集落の曲家資料館の家を移築した。やっぱり三人で。隣の伊南村の明治三十八（一九〇五）年に建てた家を全部解体して、全部番号ふって、ちゃんと絵図板《やずいた》書いて、一本ずつそっくり持ってきた。石も全部、その場所場所の石を持って、運んだ。長い柱がなかなか抜けないもので、くさびが抜けないから、油をだんだん差しておいて、少しずつ上げて。で、また上げては、また、油を差す。下が腐っ

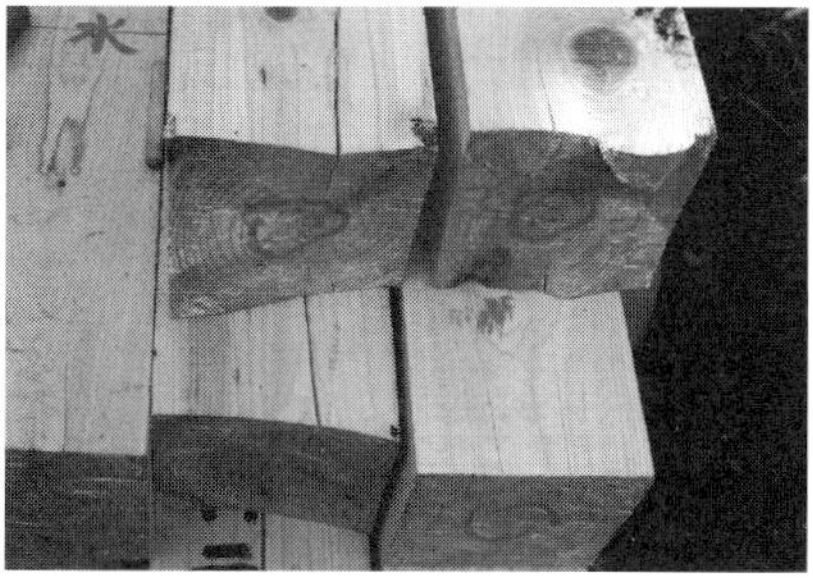

写真7　光付けした柱の例。石の丸みに合わせて柱の端を削る

写真8　前沢集落曲家資料館の四方鎌蟻で継いだ柱

ていた柱の根継ぎは「四方鎌蟻《しほうかまあり》」（写真8）。どうやって入れたと思う。斜めから入れるの。

茅葺きの里の前沢集落は家の中は近代的。本当は土壁色なんだけど。白壁は見た目がな、目立つから。やっぱりその家の人が、白壁にって、補助金もらって、どんどん直してしまった。みんな、独身男性ばっかりで、何十年したら絶えちゃう。跡取りに嫁さんがいない。あー、一番困ったことや。

（二〇一七年五月取材）

礎石の上に柱を立てる日本の伝統的な工法である石場建てを、コンクリートで布基礎を造りその上に木の土台を緊結する現代の木造建築の工法と比べて批判する理由の一つに、不同沈下をすることが多いことがあげられる（コンクリートの布基礎の家でも傾くことがあるのだけれども）。では、その不同沈下を直せばいいではないか。そうした経験のある大工を捜した。

ようやく星清信さんと巡り合えた。しかも西岡常一さんが「木の家は三百年もつ」というその「三百年の家」を直していた。ちょうど泊まった宿、本家亀屋がそれであった。夕食には郷土料理などとともに清信さんの手打ちの蕎麦が出された。宿の主人星昭男さんは清信さんを親方と呼び、建物の維持管理に全面的な信頼を寄せていた。

2　昔の家を移築して技を学ぶ――大工　嶋澤恭雄《しまざわやすお》さん

昭和七（一九三二）年生まれ。埼玉県さいたま市南区白幡の江戸時代から続く父繁松さん、兄清治さんが経営する会津屋工務店に勤務。引退後市内醫王寺に奉納する京都東寺五重塔二〇分の一模型を製作（写真2）。

贅を凝らした建物

この家は酒屋さんの離れでした。離れの新築は昭和五年くらいから始まりまして、だいたい出来上がったのが三年後でした。当時浦和に五軒あった多額納税者の一人だったそうです。多額納税者っていうのはどういう人かって聞きましたら「国税を五〇〇円以上納めた人で、貴族院議員の選挙権があった」と言う話でしたね。

十二畳半の座敷と十畳の仏間、回り廊下と便所で二八坪です（写真3）。新築のときは祖父の代で、父が棟梁として働きました。全国的に不況で職人は仕事がなかった。この家をやらせていただいて、職人はずいぶん助かったようです。大工職の手間が一円三〇銭とか五〇銭とか言っていました。完成までに坪当たり六五人かけたんですって。今の建て売りだと坪三人ですね。

この辺でも材木屋さんはいっぱいありましたけど、日本でも一、二の京橋の篠田政之助という銘木屋さんから材木を入れました（写真4）。紫檀の床柱や五寸角の柱などは当時の価格で一本一五〇円もしたんです。

大旦那さんが亡くなって土地を狭めることになって、そこへこの離れが当たっちゃった。奥さんが「お宅が建てたんだからほかへ譲りたくない」って言って、ま、ほんの志で譲っていただいたんです。昭和四十六年ごろです。

写真1　会津屋工務店の座敷で、嶋澤恭雄さん

写真2　京都東寺五重塔の20分の1模型（会津屋工務店提供）

写真3　嶋澤さんたちが移築した旧酒屋の離れ。現在は会津屋工務店の座敷・仏間として使用

趣味の建築

寫眞行脚（一四）

部屋は明るく気持よく

上野驛から電車に乗つて三十分、もう埼玉縣浦和町へ來た。街は東京の延長かと思はれる程繁榮され流石に縣廳の所在地である。浦和町で田中酒店と呼捨てにする人はゐない、みんな田中様と言ふ。その田中榮三郎氏邸の離れが新築されたのは一昨年の秋十一月から昨年の十二月に亘る一ヶ年餘で、棟梁は浦和の島澤繁松氏、現場主任が田口眞一郎氏の御兄弟で、流石に充實せる建築美をその一つ〳〵に生かしてゐられる。採光と通風は部屋の生命とされ、照明の美、置物の調和に奥様の優和な御趣味を現しゐられた。

床の間（七尺五寸）
床柱　紫檀
落掛　黒檀
框　呂色塗框
床脇（七尺五寸）
違棚　欅玉杢
天袋　全
地板　全

書院（六尺）
妻板　欅玉杢
楠彫刻欄間（七尺五寸）
天井板　神代杉杢
柱　尾州檜四方柾
長押　全
（篠田政之助商店納材）

田中氏邸客間と田口氏（上）島澤氏（下）

写真4　篠田政之助商店の広報誌に載った建築当時の記事（会津屋工務店提供）

それで中山道に面した会津屋の事務所を壊し、隣接していた家をそこに曳いて、その跡に離れを移すことになりました。

家を元のように移築

離れを解体する前には、まず板や柱に番付を付けるんです。自分らが行ってやりました。小さい紙に番号を書いて糊で貼り付けます。廊下の板から天井の板から、何から何まで全部番付を付けて図面にも番付を付けて、それから壊してもらう。新しく建てるぐらいの手間がかかってますよ。

外回りだけ土台が回っていて基礎は白河石。中の柱はみんな独立で玉石です。やっぱり石もちゃんと番付を付けて、いの何番、ろの何番といろは番付で付ける。向きが決まっていますから、石の方向もちゃんと見ておかないと。土台を外す前には（水平を示す）水糸を張りまして、高さを測っておきます。

柱に釘は全然使ってないから抜けるようになっています。今の家は接着剤で付いちゃってるでしょ。壊したら使い物にならなくなる。この家は専門の解体屋が壊しました。うちでは壊せないです。この人たちは「上野の東照宮を解体するのに携わっている」って言ってました。

今日壊すと、その日のぶんを運んで来て、置いておくという感じで約二カ月。それを若いもんが洗う。専門家でないもんが灰汁《あく》洗い（第4章第4節で紹介）をやると、荒びちゃいます（毛羽立ってしまう）から、水洗いです。普通洗い屋さんは、ささらみたいなたわしでやるんですよね。それじゃあ傷んじゃうんで、うちでは布です。乾いたら柱に紙を巻いて。まるで新築と同じです。柱や梁などの建前材料はシートを掛けて外に置いて、それ以外の造作材は蔵の中に入れておきました。

地面はランマー（土などを締め固める機械）で搗《つ》きまして、砕石を敷いて、それで石を並べたんです。新築のような木遣《きやり》はやんなかった。

柱を立てるときは鳶職人一五人が手起こしでやりました。組み立てるのに四日ぐらいかかったかな。最初に坊主（丸太を組んで滑車で重い物を上げる装置）を建てまして、それでやったら材料が太過ぎちゃっ

写真５　裏から天井板を一つ一つ竹のいなごで留めてある棹縁天井

た。重くてそれっきりいかないんですよ。しょうがないんで、今度はウインチを持って来て巻き上げたんです。雨がかからないように、野地板（屋根材の下の板）を打って屋根をふさぐまではうちの手の者が六、七人で一気にやりました。

昔のやり方に感心するばかり

離れを造った人たちが生きていて「とにかく大変だったよ」と言ってました。この家は昔の造りで、それまで学んだ技術以上のものがほとんどで、こんなやり方があるんだと感心するばかりでした。苦労したのは、重なっているところがずれると板や柱に白い部分が出てくるので、ずれないように前と同じに合わせることでしたかね。天井の板が「笑わない（隙間があかない）」ために「いなご」という竹の細い棒が棹縁《さおぶち》（写真５）の間に差してありました。竹は虫が喰いますから全部ホルマリンに漬けてそれをまた差すと。とにかくあった材料は全部そのまま使ったわけです。家の中の仕上げなど細かい造作は一人でやりましたから出来上がるまで一年以上かかりました。

本当はあんまりこういうものをやるの好きじゃなかった。サラリーマンってみんなきれいな格好しているでしょ。うちは、現場へ行くには派手な格好をしちゃいけない、歌を歌っちゃいけない、口笛を吹いちゃいけない、余計な話はしちゃいけない、そういう主義なんですよ。だから何だか嫌でね。二十歳ぐらいのときかな「俺はサラリーマンになりたいんだよ」って兄に言いましたら、親に「うちは代々兄弟三人まではこの職業に就くんだ」って言われた。自分は三男なんです。「しょうがねえや」と、まあ我慢したんだけど。

叔父御《おじご》が三人とか職人がいっぱいいたから、自分たちの仕事っていうのは、削り物、柱や土台の穴掘り、畳の下の粗床ぐらいで、墨付けなんかとんでもないですよ。「そこいら掃いておけ」とか、「道具片付けろ」とかっていうことで、だいたい教えてくれないです。でもだんだんやっているうちに造作もできるようになって、自分がやったところを見て、うまくいってるとか、もう少しこうやればよかったとか、仕事に興味を持つようになりましたね。それなりの職人が来ていましたから、「あ、あいつには負けたくない」とか、「いいところをやらしてもらおう」とか欲も出てくる。

サラリーマンはいくら偉くなっても勤めているところから退いちゃうと何も残らないんじゃないで

しょうか。大工は仕事をやめても物が残っている以上は、誰が造ったとか、どういうふうにやったんだとかが分かる。自分のやった物が残るってのは誇りですね。今になってみると自分の職業が大工でよかったと思います。

（二〇一三年二月取材）

嶋澤恭雄さんの語り口は穏やかでしかも丁寧である。やはり浦和の大店の人たちとやりとりをしてきたからであろう。

引退後市内醫王寺に奉納する京都東寺五重塔二〇分の一模型を製作した。伝統建築の精巧な技にほれ込み、修得した人生であり、また自負もあったと思う。市民が入れない公的機関に飾る話もあったが、誰にでも見てもらえるところがいいと、それを断ったそうである。

3　石の重心を知り積み上げる――石工　小松総一《こまつそういち》さん

昭和二十四（一九四九）年生まれ。高知県土佐市在住。父聡夫《としお》さんの死を機に二十七歳で造園の丸一商店を継ぎ、故渡邊照さんに石工の技を習う。現在は石工集団古式土佐積の石工頭。高知城石垣の調査、修理に携わる。

土佐の石工

高知城の石垣はチャート系の珪岩《けい》という石なんです（写真1）。これで築《つ》いたお城は、福井に一番古い形のお城、丸岡城がありますけど、ほかにはあまりないです。珪岩は我々は珪石と言っていますが、山石です。牧野植物園がある五台山、正蓮寺の北山、そこの出口にある荒倉《あらくら》山辺から採れます。これと青石といって間知石や亀甲積にする砂岩。我々はこの両方で育ったちゅう感じです。

穴太衆《あのう》といわれるものがあって本家は近江の粟田家です。それが全国に広がって、最終的には私らみたいな野石工《のいしく》にその技術が伝わってきたということじゃないですか。石工は、でっかいのも小さいのも一貫五百（五・六キロ）の正練《しょうれん》（金梃子《かなてこ》）と鎚、それと石鑿《いしのみ》（写真2）、これだけ下げて、渡り石工でどこでも回ったらしいです。

写真１　高知城の石垣を説明する小松総一さん

写真２　石工の道具いろいろ

昔の石垣をそのまま移す

二十年ぐらい前、私に依頼があったのは、「石垣をこのまま四メートル移動して直せるか」と言うことでした。県道を広げるというときに住んでいる方が「石垣を壊したくない。ここはどかない」と言ったそうです。このままにちゃんと直せます（写真3）。しかし四メーター引いたら、後ろは山ですから、どうしても敷地が少なくなってしまう。結局石垣を四メーター引いて、さらに後ろの山も削った。今度そこを山留めをせんといかん。家の後ろにも石垣を築いたわけです。そして家すべてをそのまま後ろに寄せて現在も使っています（写真4）。

その辺で一番偉い地主さんでした。家には明治の棟木が入っていたという話です。石垣もおそらく家と同時ですから、百年以上経っている。直した限りもそんな感じでした。石垣は普通の野面《のづら》っていう積み方です。野面石はほとんどカットしません。山から出た自然の物を使う。

道路に接する部分は、当時の施工基準で石積とかやる場合には二メーターおきに小段をつくれというのがあるので、小段だけは今の工法でコンクリート入れてこしらえ直しました。石垣の隅角《すみ》も昔の工法で移築時にこしらえたところがあります。

新しく足した石垣には、もともとあった石垣に極力似たような石を選んできたつもりなんですけど。こしらえた当時は全部が茶色だった。見てくれが悪いから色を塗れと言われました。「五年待ってくれませんか、五年たったら色が変わりますから」って言ったんです。もう十何年たつから、そこそこ見られるようになりましたわ。石を採ったところがですね、牧場だったんですよ。雨が降ると、牛の尿のにおいがして、しばらく評判が悪かったです。

写真3　移築前の石垣。それぞれの石に番付を付けるためにまず区画を決める（小松さん提供）

写真4　移築後の石垣

土佐人の気質を表した昔ながらの石積

土佐積は土佐ではもともと「うろこ積」と呼んでいたんです。お城の場合でしたら、石垣の法《のり》（斜面）は垂直以上にはならんのです。雨落線《あまおちせん》から被るということはないわけ。ところが、土佐積は被る（写真5）。

これは土佐人気質、土佐の荒波というか、とにかく、がいな（荒っぽい）気性を表した積み方。大阪に行ったら「くずれ」っていって、これほど被っていない積み方がありますが、それを土佐独特にもっと被らせる。師匠からは「太い石が頭の上に落ちるばぁ（くらい）被らせや。天端《てんば》（上部）の先へよう載らんばぁに出せや」と言われたもんです。

魚のうろこみたいに、上から差し込んでいく。一段目は上を支える根石として立ち上げる。二段目からは、四五度の角度に人という字を書くように上から差し込んでいくわけです。表に出ているのは石の三分の一ぐらいの量です。うろこ積は、たとえば石垣の一つの石はだいたい五つ、六つの石で巻き、四つ巻きとか八つ巻きは壊れやすいよっていう禁じ手はあるんだけど、まずは自分の本当に自由な裁量でする。良くも悪くも腕次第っていうやつです。同じような石積でも、石工の裁量にもよるし、昔は修業した先によっても違った。自然石を合わせるから同じような物にならない。見ればこれは五台山系だなとかっていうのがすぐ分かるんです。個人が分かる場合もあります。亀甲形に積む石は隅

写真５　うろこ積を応用した塀

写真６　亀甲積の石垣の隅角に足袋を履かせた石。石垣の隅角が外側方向にずれないように角石に彫り込みを付ける（小松さん提供）

角に「足袋」（写真6）を履かせるんですが、その足袋の切り方で大体切った人が分かる。

うろこ積を僕はこの二十年ぐらい河川に応用してきた。河川、護岸そういうのに昔からいろいろ石積はありますけど、上流からの水を遮るには、魚のうろこと同じ原理でうろこ積にしたほうが壊れません。うろこ積も、岸でなく河床へ貼るときには、鎧《よろい》貼りって言います。河川工事の場合は石自体の材質的な強度が必要になってくる。水をはじくような吸水率の低い石を山で見つけて出してこないといけない。

石の重心を知り大きな石を立てる

石の積み方の鉄則としては、重量ある大っきな石は「法を起こせ、石を立てよ」と。小さい石はどうしても裏からの土圧に負けるので、転ばす、寝かす。大きい石は重量があるから、立てても差し支えないぞというのが昔の人の教えです。大きな石でも重心の位置が真ん中を通れば縦に立つもんなんです。

昔我々は「石は背負った気になれ」と習った。けれども、実際ワイヤー掛けた石の下に入れるのかと。危なくてできないでしょ。重心がどこにありどっちに倒れるかが重要。「仕事するときは必ず重心の反対側におれ」と。今はこういう教え方です。

十何年僕は高知では仕事していない。弟子が高知で仕事してますのでね。今はほとんど北海道とか

写真7　うろこ積を使った網走川魚道工事。工事従事者に指導する小松さん（前列左）（小松さん提供）

沖縄とかの護岸工事や登山道の工事です。なぜか夏の台風の真っ盛りに、沖縄の海岸っぷちで仕事したり、二月の零下三〇度のときに網走川で仕事したりしてました。網走川ではコンクリートの魚道に鮭が上らないと言うんで、うろこ積を利用した魚道をこしらえた（写真7）。登山道の場合は、重機が入りませんからせいぜいチェーンブロックとか、移動する場合は三又《さんまた》っていう道具で。石がその下にないと倒れるから、三又は徐々に移動していかないかん。また石が範囲外の場合、「とらをとる」って言うんですがロープで引っぱって三又が倒れんようにしてやるとか。いろいろまあ技術的にあるんでこんな仕事もできるんですけど。

庭石の需要っていうのはほとんどなくなっちゃったんじゃないですか。庭自体、もう日本式の庭っていうのがなくなりましたしね。私の弟子に、民間や個人の家の仕事の話はきません。まず公共の仕事。しかもこういう工事は実績をこしらえないといかんですから、結局同じような物になる。金太郎飴のようになってしまう。河川の三面貼りと一緒。「その場所にはその場所の顔があるだろうよ」って言うんだけど。自然を見て、自然の理にかなうものを造らないと。

（二〇一二年十二月取材）

小松さんから高知ならではの味、鰹の塩たたき、天然鰻の蒲焼き、野生わさびの醤油漬け、完熟文旦の時季などなどおいしいものを教えてもらった。腕のいい職人は味にもうるさいような気がする。

高知では何人もの職人の取材をすることができた。これはみな小松さんの人脈のおかげである。

自然の石を使った構造物は美しい。安全さも追及してきた小松さんを含む石工の技に敬意を表するものである。これからも伝統の工法を応用して自然環境に合った石積を構築することを期待したい。

4　土壁の小舞は百年たっても大丈夫——小舞　弘田《ひろた》 充《みつる》さん

昭和二十（一九四五）年生まれ。高知県須崎市にて一族で営む弘田竹材店の小舞部に勤務。三十四番札所の種間《たねま》寺近くにあり、遍路の道筋である。

小舞をかく

「こまい」って言うのは、辞書を引いたら、木が舞うと書いてあります。でも一般的には小さく舞う、「小舞」です。自分らは土壁の中の竹を編む仕事で、「こまや」とか「こまいやー」と言う人もいますが、書けば小舞屋です。

柱や梁や土台に横も縦も三〇センチくらいの間隔に穴を開けて丸い竹を入れます（写真1）。この辺ではすす竹といいます。丸竹は、いうたら家の柱の役割。それに割竹を細い藁《わら》縄で巻いていく。それが「小舞をかく」ことです。

昔はお百姓が自分で稲の藁を編んだ縄を使《つこ》うていたでしょう。縄は最後に縛るところが重要です。左手で縄をちょっと押さえとって右手で締める。力をかけるので縄が切れるとバランスが崩れて体が後ろに飛んだりして危ないんです。もち米の藁でつくるもち縄がいいともいうが、自分は百姓をして

写真１　縄が編んであるところが丸竹
（弘田さん提供）

いないので、藁縄のすべては知らんき。

棕櫚《しゅろ》縄は痛いけど、藁縄より丈夫で危険性がない。編んでも決まる。けどやっぱり値段が高いです。昔から金持ちの家、庄屋さんとか大家さんとかいう家は、棕櫚縄で編んでました。土ん中へ入ったら、もうみんな一緒やけどね。ま、いうたら、見栄で。

土蔵は普通の壁と違《ちご》うて、大きい竹を半分に割って藁縄でかく。ひげいうてね、二五センチくらいの間隔で、細い縄を竹へくくり付けて、出しよる。ひげを出すように左官屋が土の団子をくっつけていく。

壁土を塗れば中は傷まない

家を改造するときに壁を壊して小舞が悪くなっているのが出てきたら直します。そのままやったら、壁の中の竹を虫が喰うとっても何しても分からん。壊すまで分からん。壁の上から打ってみても分からんわ。

虫が喰わんように竹は切り旬がある。八月から十二月、旧の正月まで。正月越えて、たけのこ生える時期と、五月、六月いっぱいまでは切らん。次にたけのこの葉っぱが開いたらだいたい旬や。生まれながらに人間が菌を持つように竹も菌を持っちょるらしい。いい時期に切っても竹そのものに腐る菌があれば、粉吹いてぼろぼろになって虫が付いた感じになる。虫が喰う喰ういうけど、一般的にそれは菌に冒されるわけ。虫が付いても、菌があっても、土を貼ったら全体に喰わんけ。ちょぴっとだけ、一パーセントとか喰われても、壁全体では、全然どうっていうことないです。表の土は直さないかんけど、小舞を菌が喰っても、虫が喰っても百年たって土が落ちるということはないです。

二十五年ぐらい前に得月楼《とくげつろう》（明治三年に陽暉楼《ようきろう》として創業、明治十一年に改名）いうて明治からの料亭を直した。建物は昭和ですが斬新なイメージにと、新しい壁をつくるために土を取ったら中の竹が傷んでるのが分かって小舞を新しくかいた。高知でも武家屋敷とか、小舞を修繕したりしたことあるけど、今はほとんどない。ここ十年、日本建築の新築そのものがなくなった。木造は全部モルタルですね。

それからプレハブになって、増築も、最近はないです。

技術をお遍路さんに習う

親が代々竹屋でしてね、自分が若いときは、竹の仲買業みたいな、そういうことをしていました。昔は小舞屋が小舞の竹を割ったけど、今は竹屋が割った竹を売るようになってます。小舞屋の職人さんが病気して、やる人がおらんちゅうてね。自分は弟のほうでして、「ぜひやってくれ」言うことで、三十過ぎて修業もしてないのに、弟子入りもしないで小舞屋を始めたんです。

苦労したですね。慣れんうちはやっぱりスピードが遅いんで。一画《ひとかく》編むのにもね、職人だったら五分ぐらいでできるところ、三時間ぐらいかかった。

指を、割った竹に入れて編むわけよ。慣れん人がやったら、必ず竹の角に当てる。わざわざ持っていって当てるように当てる。角に当たったら、一発で切れる、血が出る。痛くてね。それが最初は分からん。三日やっても、一カ月やっても。角に当たんないようにやるんに半年くらいかかった。

始めて半年から一年ぐらいのころやったと思う。東京からお遍路で回って来た人が、自分の現場に来て、ふっと足場に乗って、「その紐、貸して」言うて、どんどん、どんどん編み出した。手付がすばらしゅうて、話するうちにね、「兄さん教えてやってもいい」言うた。すぐおふくろに「お遍路さん泊めてほしいんやけど」って電話した。だから東京の小舞かきが、自分の師匠みたい。一週間泊まって教えてくれた。

そのお遍路さんは、八十過ぎとった方で、おやじが侍やったけど明治維新になって、仕事がない。竹割るのにちょうどいい刀があった。で、小舞屋を始めた。東京の小舞屋は、侍が多かったらしい。侍は、ほら、刃物持っておったき。その方はね、おやじさんに五つぐらいのときからずっと付いて、十三か十四歳のときに、もう一人前で、日当もろうて仕事したという。

写真2　貫の板に引っかけて小舞をかくまで割竹をぶら下げておく道具。弘田さんが鉄筋を曲げてつくった

写真3　弘田充さんと「大家の三姉妹」の親方の竹井さん。竹井さんは母が小舞かきであり、長女なので当然のことと跡を継いだ。弘田竹材店から割竹を入れるまでは「自分たちで割竹をつくった。それが大変だった」「縄をきっちり縛らなくてはならないので、冬でも手袋をしないで編んだ」と言う

写真4　小舞かきが仕上がったところ（弘田さん提供）

一週間ばかし教えてもらっても、なかなか技術はそう簡単にすっと分からんきね。何年かのうちに思い出し、思い出しして覚えた。だから自分は関東風。

小舞かきの仕事は、自分が三十三のときに始めたころは高知県中に、ものすごく多かったです。最初は、駆け出しで一人。そのうちに職人さんに来てもろて、その人も三年くらいでようできるようになった。五十五、五十六のときまではもう二人ないし、三人職人さんに来てもろうていた。最近またもう、下火になってきて、自分が一人でやっている。

高知に小舞かきは数年前は二、三人おったやろか。土佐山田で「大家《だいけ》の三姉妹」いうて、土佐のはちきん（男勝りの女性）やね（写真3）。職人入れて五人ぐらい女ばかしでやってた。大家さんが東でうちが西。東は香長平野で、田んぼのほうが多い。百姓さんが多いところで、仕事はやっぱり、大家さんのほうがうちらより割かた多かった。一昨年「得意先もあんたに譲る」言うて、やめたき。高知には、今自分一人です。

この仕事いつまでやれるか。自分はやっぱり職人やし、何ていうか、ほんとすぐ土で塗られて隠れる運命やけど、いつでもきれいにやる（写真4）。そういう一瞬たりとも、人はちっとでも見てくれる、大工もおるし思うて、小舞は花が咲くように見事に編まんと。

（二〇一二年十二月取材）

小舞、左官、漆喰の壁関係の三人は前節の石工小松総一さんの紹介で、みな高知の方々である。弘田さんは小松さんの釣り友達で、山に自生するわさびの茎の醤油漬けをつくるのが毎年の楽しみだそうである。人それぞれの味があると、後日季節になり送ってくださった瓶詰めで、お二人の違った味わいを楽しませてもらった。

高知で小舞かきが弘田さん一人になってしまったというのは、ほかの地域にもあてはまることでもあるが、将来高知で修理はもちろん日本建築の新築ができなくなるわけで、なんとか後継者が出てもらいたいと願うものである。

5　風雨に強い白壁で仕上げる
――左官　服部文明《はっとりふみあき》さん

昭和二十五（一九五〇）年生まれ。高知県安芸市で長男の栄一さんとともに服部左官設備を営む。十六歳のとき、出身地の安芸郡安田町で小笠原憲三さんに弟子入りし左官屋となる。農業を兼業し、近くの山で山菜採りを楽しむ。

土佐漆喰《とさじっくい》で蔵を塗る

土壁の仕事は竹の小舞に壁土を付けて荒壁をつくり、中塗り、上塗りをする。ほんま最近はこういう仕事はもう全然ありません。十年前、十五年前はこうやってやりよったけど、仕事内容もまったく変わったですね。プレハブは壁を塗るんじゃなくて、ボードを貼り付けるんだから。十年前に来てもらえば、いくらでも新築の仕事を見せられたのに。

今の高知県で大壁いう仕事はないと思うね。大壁って、柱を外に出さずに漆喰で蔵造りに塗りごめるわけや。

他県のことは、分からんけんど、この高知県の漆喰、土佐漆喰って、雨に強い。風に強い。それが一番の特徴やね。火事にも強いし、隣が火事でも移らんし、防火のためにもなる。昔は屋根の下、天

写真1　漆喰壁の前で、服部文明さん

井まで漆喰で塗りよった。地区地区でいろいろあるらしいけど高知市内は消防の関係で今も塗っているかもしれない。

ほんとにこの漆喰の表面が固うなる。百年は大丈夫、もつよ。僕のやった仕事でひび割れとかクレーム付いたことないもん。

高知県の場合は、漆喰に藁《わら》のすさ（壁土に混ぜて亀裂を防ぐ材）を入れる。今は最初から藁すさが漆喰に入っている。ビニールの袋で一袋二五キロかね。昔は藁と漆喰と別々に持ってきて、藁は腐らすのにお風呂のお湯に浸けたらしい。漆喰は餅を搗《つ》く臼と杵でぼんぼん、ぼんぼん搗いて細かくした。それを自分で混ぜたわけや。僕は職人やって四十七年になるけどその記憶はあんまりないね。

漆喰もいろいろあるわ。種類はどっさりで、高知県でも漆喰屋さん探したらほんまたくさんあるけど。土佐漆喰というものは、ま、さくい（サラサラしている）がと、粘いがしかないわね。あんまりさくかったら、仕上げの型押さえがうまくいかん。粘いくらいがいい。

僕は稲生（南国市）の北村富男さん（第2章第4節で紹介）の漆喰を使うけんど、あそこは石灰岩を石炭を使って焼いている。奥さんと二人でやってるわね。

蔵の新築のとき、壁が厚いから普通の間口五間に奥行き三間ばぁ（くらい）ある蔵で、二トンのトラックに土が六台か七台か要った。

小舞は割竹でなく、竹でも破竹のおっきい丸竹を組んで、そこからたいてい縄を二〇センチばぁ、三〇センチばぁ出してよね、そこに荒壁をつくる。壁の角は、柱を塗りごめるために柱の外へ小舞の竹をかいて、柱を隠して荒壁塗るわね。そうすると角はだいたい決まってくる。

丸竹は滑って土がうまく付かんきに、荒壁の二回目として大直しいうてまた壁土を塗る。出しておいたひげ縄の藁をばらしたのを広げて貼り付けて、壁土の中に塗りごめて大直しする。それへ半田《はんだ》っていうけど土に漆喰とすさと砂を混ぜたがで二回塗りよる。そうそう、中塗りのこと。

それから漆喰塗るけんど、今はもう一回砂漆喰でこすらないかん。ちょっと砂が多めの漆喰を一回塗ったほうがひっつきもええし、割れがこんみたい。今の漆喰は即席で塗れるけれども下へ砂漆喰掛けてやらんことには、亀の甲みたいに細かく割れる。

ほんで漆喰を塗ってからさらに薄い漆喰を塗る。水に溶かした漆喰をふるいの中に通して、藁すさから何もかも取りのぞいて、その下に沈んだがを僕らは「あま」と言う。それを薄く塗るわけ。あま掛けすると目が詰まって光沢が良くなる。

蔵以外に大壁っていうのは、普通の住宅でもあった。大壁に段を付けた鎧《よろい》（写真2）とか水切り瓦（写真3）が付いていていて。水切り瓦は左官の仕事。昔は全部自分らがしよったけんど、今は大工さんが打っ

写真2　鎧がほどこされた大壁。横線の深さはだいたい三分（約1cm）、水切りをよくし白壁をよごさないためである（小松總一さん提供）

写真3　服部さんが塗り直した水切り瓦の付いた菓子店武市神栄堂（香南市）

てくれた木に自分らが銅《あか》の釘で瓦を留めて漆喰を塗っとる。

今は日本建築も、大壁もなくなった。しかも小舞でなしにラス（金網の下地）よね。ワイヤラスとかメタルラスとか。小舞かく竹屋さんもおらんなったね。高知にもう一人やし。僕らも昔かいたことあるわ。けど竹に手の脂が取られてひび割れするきに大変な仕事やね。

顔が映るまで壁を磨く

壁の修理は破損状況でやり方はやっぱり違うけんど、下の小舞竹があんまり傷んでいたら下地用の板で打って止めるか小舞をかき直す以外ないな。

古い壁を割ると、表面の漆喰は剥離しちょる。浮いてる。で、こて使《つこ》うて漆喰を剥がして、だいたいまあ、僕ら一回中塗りするようにはしている。

中塗りの一番初めは赤土と砂とすさを薄く塗ってなじます。要するに土となじますわけ。それへ漆喰と砂とすさを混ぜたがで中塗りしよる。あとは新築の中塗り、上塗りと同じ。

この四、五年前は、夜須町（香南市）のほうにものすごう蔵が、どっさりあるので、それよう修理しよった。お金がある家、人は直すわね。直して、部屋にするか何かすりゃあ、もっと利用価値あるけんど、田舎の百姓さんっていうもんは、「もう蔵要らん」ってみたいに言うね。今の若いもんには蔵は全然利用価値ない。米はそんなに置かんなったろ。蔵に何を置く。入れるもんもうない。ちょっ

写真4　1844年建築の高知県有形文化財元本陣岡御殿の床の間（安芸郡田野町）。保存復元の際、御殿、土蔵などの左官作業を請け負った服部さんが漆喰にベンガラを入れて塗った

写真5　服部さんのこて。左から押さえこて、8寸こて、際こて。漆喰の型押さえに初めは8寸こてで押し、次に押さえこてを使う。際こては水切りなど狭い部分にも使う

とても傷んだら修理もせんとみんな壊してしまう。

今、高知県のね、左官単価がものすごう下がってきて、やっぱり僕らもう一回手間かけたいなと思うときあるけど、やっぱり施主の懐の計算もあるしよ。いい仕事は難しい。

漆喰にこうやってきれいに顔が映るっていうまで磨くには、やっぱり昔の型押さえよね。漆喰塗り終わったその日のうちに、乾き具合を見て、こてで押して、押して、押して（写真5）。そんでこてがかからなくなったら今度手で押さえて。翌日になると漆喰から汗が吹き出るんだ。一週間ばタオルで汗をふく。こんな磨くような手間はそうそうかけられんようになった。

（二〇一二年十二月、二〇一三年四月取材）

一回目にお会いしたときは、ちょうど柚子の収穫時期であった。服部さんは柚子畑の仕事や山菜採りのことを楽しそうに話していた。筆者は自分の家で実際に漆喰壁を塗るのを見ていたけれども、丁寧な土佐漆喰の仕上げ方法には驚いた。最後に壁から吹き出る汗をタオルでぬぐうなど、関東では聞いたことのない、想像もしなかった工程であった。高知県は台風がしょっちゅう来るので、壁も強くなくてはならないのだろう。

6 棟のゆがみを見つけるのが大事——瓦屋根 小林《こばやし》弘昌《ひろまさ》さん

昭和三十五（一九六〇）年生まれ。埼玉県さいたま市桜区西堀で小林製瓦工業所を経営している。大学では土木を専攻し、卒業後二年間企業内屋根専門訓練校において屋根工事の実技と学科を学ぶ。板金、スレートの屋根も扱う。

昭和五十年代まで窯で瓦を焼いていた

おじいさん（小林彦太郎さん　一九一一～八八）と父親（小林吉一さん　一九三一～九四）で言う年数が違うんですけど、明治四十（一九〇七）年か四十三年にひいおじいさん（小林吉太郎さん　一八八〇～一九五一）がここで瓦の製造を始めたんです。

以前はもう少し敷地が広かったですが、今事務所があるこのマンションのところにだるま窯という窯が三基ありまして、松葉を燃やして燻製をしてっていう、古来の日本瓦をつくっておったんですね。

戦前から、おじいさんの代に屋根工事を並行して始めるようになったと聞いています。当時は、公共施設ですか、たとえば、小学校とかって木造で瓦でしたよね。それでだいぶ量が出たみたいです。瓦を成型する職人さんと、窯で焼く職人さん、あとは工事の職人さんの三種類の工程の職人さんがい

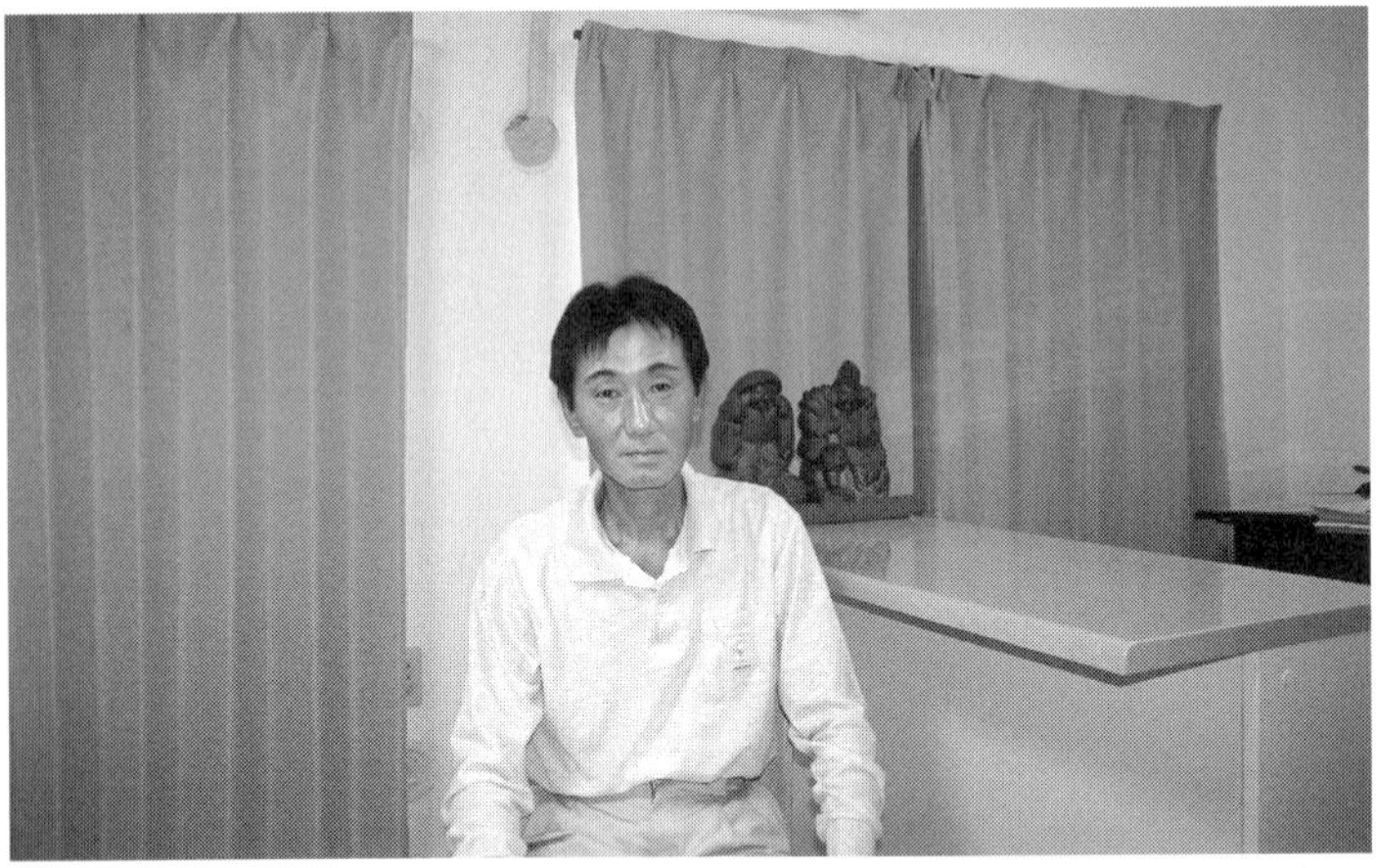

写真１　事務所にて、小林弘昌さん。後ろは施主の希望があれば屋根に載せる大黒天と恵比須の瓦材の像

ました。

瓦にする土は、この辺の裏っ側、荒川が氾濫して、堆積した土で、田んぼの下の土を採ったそうです。上を取り除いて下の土を採ったらまた埋め戻して持ち主に返す。荒川近辺で取れる土を「荒木田土」と言って、相撲の土俵や小学校のグラウンドとかに使っている。硬い粘土になるわけですから含水量が少ないんだと思います。だから利根川で採れる土は本当は荒木田土とは言わないんですよね。

地方によっては、たとえば千葉のほうというのは、砂目の土で瓦をつくりますから、表面の粒子は粗いわけで、極端にいうと夕立がばーっと降ってきて、屋根一面が雨で潤されて、荒木田土の瓦はすぐ水が流れたとしても、砂目の瓦は水分吸っちゃいますから、一分二分しないと下まで流れていかない。大げさな言い方ですけどね。

うちでは土は（旧浦和市内の）田島、町谷、道場、西堀近辺から採って来たと聞いています。今駐車場になっているところの端までそこの田んぼから採った土を、五〇メートル、一〇〇メートルの線路みたいなのを入れてトロッコで運んでいたのを覚えています。

土の中に鉄分がありますから、その鉄分によって錆のような色の変化というのが出てきちゃう。聞いた話ですと、たとえば、荒木田を採って来ますよね。それでもすぐ使わないで一年、二年は野積みにして雨に当たらせる。野晒《ざら》しにして鉄分を流したりして使うんだそうです。うちでも土は山積みにして野晒しにしてありました。

今のお客さんは瓦のむらを嫌がる方が多いので、おそらくメーカーでは最初に錆止めを塗っていると思います。ところが逆にむらを好む方も出てこられて、反対に錆が出るような新しい製品、新品の製品でも錆が出る瓦を、一部のメーカーではつくっています。

私が小学校のころには、たしか深谷だったと思うのですがそっち方面から土を買うようになりました。埼玉では深谷、児玉が瓦の一番の産地ですから。瓦の土として出来上がった土を買っていましたが、敷地に山積みに積んであったこともありました。

瓦の成型の職人は夫婦二組と二人で計六人でした。雨が降っても仕事ができる作業用の建物がありました。まず土から石など取り除いたと思います。それを真空土練機という機械でこねて、それからうどんを押し出すような道具で羊羹を平べったくしたみたいな板状の物にして押し出す。板状の物を

写真２　大正末か昭和初期の桟瓦の天日干し。震災以降土葺き用の瓦はあまり出なくなっていた。農村部はまだ瓦屋根ではなく、瓦屋でも茅葺きの家に住んだ（小林製瓦工業所提供）

写真３　軒瓦の天日干し。戦中の家族写真か。左端が吉太郎さん。彦太郎さんが戦地から帰ってきたら家が増築されていたと言う（小林製瓦工業所提供）

写真4　旧浦和市内の薪を使用していた戦前のだるま窯。入り口を泥で塗り込めている。窯焼きの職人は夫婦3組がいた。左側では階段状に天日干しして、棟をおさめる白地の丸瓦を製作中（小林製瓦工業所提供）

ピアノ線みたいな針金で切り出して、軟らかいうちに型にのせて瓦のアール（曲面）なりに成型する。それを天日干しするわけです。「白焼き」です（写真2、3）。

私が子供のころ、俗に「窯」って言うんですけど、焼く職人さんは男の人三人でした。三人とも奥さんが手伝ってました（写真4）。父親もおじいさんも焼くほうだったですね。昔は薪で燃やしたと思いますが、重油に変えるときにだるま窯三基を場所をずらして地下にタンクのあるものに造り変えました。

天日干しした白焼きの瓦を、成型の職人も一緒に一日かかって窯に積み込んで、その日の夜か次の日に焼きます。真空というのは大げさですけども、火が入ったら窯の入り口を別に練ってあった泥で塗り込めて塞《ふさ》ぎ、空気の量を少なくして、松葉で燻《いぶ》すんです。松葉だけ大量に積んであった松葉の小屋がありました。

窯を焼くのは二十四時間ですから、夜中も見なくてはならない。三人で交代したんでしょう。そして翌一日は冷ます。急に取り出すと温度が急激に変わってひび割れができちゃいますから、冷まし終わってから瓦を取り出す。ですから三基あれば毎日瓦を取り出せる、製品が出てくるわけです。だるま窯では、焼くのは一度に八〇〇枚くらいだったと思います。うろ覚えですが、その中で特、一等、並、等外と、精度と色具合によって選別していたと思います。地方によっては益子窯を使っているところもありますね。登り窯のことです。登り窯は一度に大量に焼けますから。

昭和五十年以降愛知県から買ったほうが品物がよくて、金額もさほど差がない製品があるということで、交通網も発達しましたから、結局はもう採算ベースに合わないので、三十四、五年前に製造をやめました。周りも昔は田んぼばかりだったですが、人家が増えて松葉を燃やして煙をもくもく出すなんて無理になった。そのころ私はたぶん二十歳くらいで、大学の二年か三年生だったと思います。夏休みに帰ってきたら窯も作業場も、何にもなくなっていました。

時代で異なる瓦の工法と修理

昔の土葺きの瓦というのは、突起物がまったくないんです。土に押し当てているだけ。土を三センチ以上一面に引いて、その上に瓦を置いていくわけです。重量が倍近くなるので、関東大震災のとき、家がだいぶ倒壊したのも、それが原因じゃないかということで、大震災以降、関東は土葺きはだいぶ少なくなって桟瓦が多くなったようです。でも上に重しがあるから倒壊しづらいという考えもあるみたいで、一概にどっちとも言えないと思います。

部分的な修理の場合には、その下の粘土が、まだしっかりしているようであれば、ほんとに一枚二枚の補修ですむんですけれども、粘土がしっかりしていない、あまりいい状態でない場合にはある程度の面積の瓦をはがして、粘土をおこして、新しい粘土と入れ替える、そういったやり方をしています。今は接着力のある石灰や漆喰と混ぜた「南蛮」という粘土を使っています。

土葺きもやっぱり五十年、六十年たつと、土もぼろぼろになってきますから。そうなると、瓦がずれやすくなる。雪が溶けるときに上から下に向かって、ぱっと流れて来るので、押されたりする。棟の下の一番目の瓦というのは、棟で押し付けられていて、ずれようがないので、二枚目の瓦からザッと下がってきちゃうんです。だから、この家、一枚瓦がないのかなと思うと、そうではなくて、数えると枚数はあるんです。たとえば、一〇センチ間隔の長さのものがあっても、上から押されて八センチ間隔になっていると、下で一枚余計に重なっちゃって、一枚足りなくなって見える。こうなるともうやり直す以外にできない。あるいは桟を打って新しい瓦に替えるか。

大正の震災以降は、一センチ五ミリ角、長さ三メートル六〇センチ前後の材木の桟を野地板の上に横に流して止めて、「つめ」が出ている瓦、桟瓦を一枚ずつそこに引っ掛けていくやり方になりました。角材を留めている鉄釘が腐ってきたり、その材木自体が腐ってくると、瓦が下がってくるわけです。そうなったら瓦を外してその引っ掛けている桟を、もう一度新しい物に替えることになる。

戦前の家で、雨樋の上に瓦が落ちちゃって下がってきたのがありました。一番下一列の一枚を銅の釘一本で止めてあるんですけど釘が変形をして瓦が前に出された（写真5）。二列目から上はすべて釘

写真5　釘が変形して雨樋の上にずれた瓦（会津屋工務店提供）

写真6　棟の丸瓦の補強工事をする小林さん

の穴が開いてないです。打ちようがないってことです。そういうときは二列目をはがして一列目の瓦の重なったところ、隠れたところに釘穴がありますから、新しい釘で打ち替えます。今は国の指導で、全数釘打ちって瓦を落とさないようになっています。

凍害っていうのもあります。瓦の中に含水してますよね。冬に、氷って水の八パーセントぐらい体積が大きくなって、で、ひび割れていきます。とくに屋根の北面に多くて、それが顕著なのが瓦の裏面なんです。一センチ五ミリの厚みの瓦が五ミリになっていたりします。何層にも何層にも分かれて薄いかけらがぼろぼろ地面に落ちてくるんで一目瞭然。見つけるのは簡単です。その瓦だけ取り換えます。

メンテナンスが屋根を長もちさせる

年数がたっているお宅ですと、一番傷みやすいところは、棟ですね。棟は中を粘土で積み上げています。雨が漏っていなくても台風とか強風のときには、棟にも少し雨水《あまみず》、水分がいく。乾いて濡れて、乾いて濡れてとなると、粉体《ふんたい》状、粉《こな》状になってきますね。地震、風の振動があります。今、車の振動もありますよね。と、棟がゆがみやすくなってくる。そして雨漏りにつながる。

棟を直すときにはいったん瓦も粘土も全部取って、新しい粘土の南蛮を載せてからまた瓦を置きます（写真6）。

棟にゆがみが出てきたかどうかを見る。それと一年に一回は、専門業者に依頼して、補修が必要になるかどうか屋根の調査をしてもらう。できれば、冬になる前と冬が終わったあと、雪が終わったあと見てもらったほうが長くもたせるためにはいいと思いますね。

どんな屋根がメンテナンスのスパンが長くできるかっていうと、やはり瓦が一番なんです。修理も簡単ですし、ほかの屋根材、板金、檜皮、茅葺きと比べると耐用年数が長い。最初のやり方次第では、瓦は三十年ぐらいはメンテナンスなしで大丈夫です。

七十年前に焼いた瓦でしたら現在でも使用されています。うちで焼いた瓦には瓦吉とか土合瓦吉の刻印が押してあるんです。与野の淑徳学園近くの蔵の屋根を葺き替えたら、外した瓦に瓦吉の刻印があった。それは関東大震災後は少なくなった土葺きの瓦だったから大正か明治かもしれません。最近も川口駅近くのお寺でうちが七十年前に葺き替えたと住職が教えてくれて、見たら山門と水屋の瓦にやはり瓦吉の刻印がありました。

おじいさんは北支とか最後フィリピンなど三回徴兵されてます。どのときか分からないですが、浦和の造り酒屋内木酒造さんの住まい（現在登録有形文化財）の屋根の葺替え仕事があり、赤紙がきておじいさんが瓦を焼き終えてから出征したという瓦屋根が今でも残っています。

日本の場合には、高温多湿で雨も多くて、冬は寒い、夏は暑い。一番家の中の温度差を少なくするのが瓦です。瓦は五八八年に百済《くだら》から仏教にともない渡来して今まで続いてきて、とくに住宅にも使われてきているものですから、これだけ地震の多い国で、年月が続いているということは、それだけデメリット以上のメリットがあると思うんです。

（二〇一四年七月取材）

雨漏りが一番建物を傷めるような気がする。屋根が雨漏りする前に処置できたら理想的である。東日本大震災のときに埼玉県南部で鬼瓦と軒端の瓦が落ちた戦前の家があった。瓦を直すと二〇〇万円かかると業者に言われ、全部の瓦を取って建物にそぐわない今様のスレートの屋根に替えた家があった。瓦屋根をスレートなどに全面的に取り替えるのではなく部分的に直す方法を知りたいと思った。戦前の家の屋根を直していた小林さんに話を聞いてみた。

小林さんの家は浦和の市街地にあり戦後も瓦を製造していたと言う。そんなところで瓦を焼いていたとは驚きであった。戦前の写真をお持ちで、土葺きの瓦についての説明など貴重な話をうかがえた。

7 人間の感覚だけでできていくのが茅葺き屋根

――茅屋根　松木《まつき》礼《れい》さん

昭和五十五（一九八〇）年生まれ。東京都出身。工務店勤務の後、伊藤正章さんの経営する茨城県かすみがうら市の茅匠で茅葺き職人となる。

茅葺き職人になる

女の茅葺き職人は私以外にもいます。若い人に女の人もいるんです。二十代の人で三、四人はいます。私は高校生のころに西岡常一さんの『木に学べ　法隆寺・薬師寺の美』（小学館）を読んで、大工さんやりたいって思ったんです。でもどうやってなったらいいのかがまったく分からなかった。先生に言ったら、大学行ってそこで考えろっていう感じでした。その間に多分諦めるだろうと思ったんでしょう。

大学の建築学科を卒業してから東京で工務店に弟子入りして四年半ぐらいやりました。石膏ボードとか分厚いベニヤ板、一枚二〇キロとかするようなものを、何百枚も貼るみたいな感じで。体がきつくて、で、腰を痛めちゃって、それでもう駄目だと思ってやめたんです。そこは伝統建築の仕事が全

写真１　作業中の松木礼さん（茅松提供）

然なくて、今どきの住宅の新築が多かった。それもやめた理由でした。

ぶらぶらして、何やろうかなってとき、たまたま友達に「川崎民家園（川崎市立日本民家園）で茅葺き工事をやってるよ」って言われて、「あ、じゃあ、見に行きたい」って一緒に行ったんです。そのときに親方に会って、屋根に上らせてもらったんです。ものすごいきれいだ、これだと思いました。

茅葺きは全部手作業じゃないですか。寸法とかが決まっているわけでもないし、それを自然のものを使って、人間の手でこういうふうに形にしていくっていうことが、面白いっていうか、人間の感覚だけで屋根ができていくっていうのは、ほかにはないと思うんです。そういうところがやっぱり、いいなあ、仕事として面白いなあと思いました。自分でやってみたいと親方に「やらせてください」ってお願いしました。

そのとき二十六歳でした。とにかく現場で、何でもやるから覚えたい、自分でこの屋根をつくりたいって働きました。最初は、材料運びや掃除です。作業も言われたことをやらせてもらうぐらいで、ただ何かを持ったり、支えるとか、脚立を押さえるとか。片付けたり、茅を運んだりしながら親方たちがやっているのを見て、で、隙を見て、やれそうなところがあると、茅を渡しながら並べてみるとか、ちょっとずつ手を出していこうっていう感じでやっていました。

だんだん平らなところなら親方が両サイドをやって、間を私がやるようになって。親方があとでやり直ししてることもありました。隅も去年からやらせてもらってます。

差し茅は古い茅を生かして葺く

仕事はけっこう途切れなくあります。文化財もありますし、普通の住まわれているお宅とか。私は新築はまだやったことがなくて、みんな修理です。

それぞれによって状態が違うから修理もいろいろですけど。水切り（軒）の一番下の藁《わら》のところまでずっと水が回って黒くなってたり、水切り全部が傷んでいることもあります。雨漏りすると下地の竹も腐り、構造材まで腐ってしまうんです。

今やっているのは築十年の小屋の屋根です。あまり傷んでいなくて、水切りも大丈夫なので平ら

写真2　差し茅をしている松木さん。下の茅の整っていない部分が差し茅のすんだ部分。あとで刈り揃える

なところを差し茅して、ぐしを取り替える仕事です。差し茅に使う茅は、普通それまで使ってある茅と同じ茅を使うことが多いですが、施主と親方で相談して決めます。ここの場合は今のと同じ島茅（霞ヶ浦に産するかものはし）です。

差し茅のやり方は、まず古い茅を引っ張り出す。時間がたって、表面から茅がどんどん減っていくじゃないですか。新しかったときの表面の位置まで引っ張ると、今まで竹で茅を押さえてたその部分に隙間ができるんです。この隙間に新茅を突っ込んで固める。一番最初に葺いた状態まで、厚味を足してボリュームを出す（写真2）。

軒付けの茅と違って平葺きの差し茅は茅拵《こしら》え（束ね直し）せずにそのまま入れていきます。手の感触が大事なので素手です。ひび割れて血が出るということはなかったです。この程度の差し茅だと手が黒くなるだけですが、古い茅のほごし（外す作業）のときなんか顔も真っ黒になるんです（写真3）。

隅は、茅を積んでから押しぼこ（押さえ竹）に針金や棕櫚《しゅろ》縄で縛り付けます。ぐしは棟に茅を積んで形をつくり、防水に杉皮をかぶせ、それから竹を割ってつくった簀《す》を巻きます。そのとき両側から

写真3　80年ぶりの茅を取り除いたらこんな黒い顔になってしまった。松木さん（右）はそれでも1回水で洗っている（茅松提供）

写真4　ぐしの竹簀の下の杉皮を止めている親方の伊藤さん（左）と松木さん（右）

足で蹴り込んで固めるんです（写真４）。

最後に、植木ばさみに反りが付いたような屋根ばさみで平刈込みをして終わりです。

茅葺きの家で普通に暮らす

ずーっと、寒いときも、暑いときも外にいるんで、体がすごく強くなりました。逆に一日中家の中で何かやれって言われても、できない。あの閉鎖された空間の場にずっといるようにって言われたほうが多分具合悪くなっちゃう。もう、この仕事を一生やろうと思っています。

筑波流の装飾的な段葺きなんかは完全に一人でやったことないから、これからは、いろんな仕事をして、そういう凝ったものからシンプルなものまで、何でも、その場に応じたものが一人でできる職人に早くなりたいです。

今ある茅葺き屋根は百年二百年と残っている実績のある建物なのに、それを残そうとするとどうしても文化財的な保存になりがちです。屋根に上る者の気持ちとしては、やはりそこに人が住んでほしい、利用してほしい。茅葺きの建物はあるけど、隣に新しいうちを建てて住まわれている人がおられる。建物は残しているのにもったいないと私は思うんです。

それで普通の人が暮らしていけるような茅葺き屋根の家っていうのを提案していきたいんです。こんな汚いところには住みたくないとか、古くて嫌だみたいなイメージがあるから、内装なんかこういうふうにすれば、もっとおしゃれに暮らせますって。まず自分で茅葺きの家に住んで、モデルハウスじゃないけど、こういうふうに工夫したら快適に暮らせますよと言えればいいんですが。今はとりあえず茅葺きの犬小屋をつくっています。

（二〇一三年七月取材）

初めて松木さんに会ったのは、まだ茅葺き職人になってみたいというだけのときであった。茅葺きは野外の仕事だし、松木さんのような女性が職人になるのは無理ではないかと思った。

次に会ったのは私の茅葺き小屋の手入れに親方の伊藤正章さんと仕事に来たときである。松木さんは男女の別を感じさせない職人になっていた。

松木さんは近代的な生活を茅葺き屋根の家で送ることを提案している。私は茅葺き屋根をトタンで覆って住んでいる家の屋根を元に戻すことを提案したいと思った。

松木さんは二〇一五年に独立して「茅葺き屋根工事　茅松」を設立。新築の茅葺き屋根も手がけている。女性職人の会を結成し、茅葺き職人や宮大工、空師（高い木に登って伐採する職）など現在一一人が参加しているという。

8 家を曳くだけではない曳き屋の仕事——曳き屋　山崎浩三《やまざきこうぞう》さん

昭和二十七（一九五二）年生まれ。高知県香南市在住。妻真知子さんと山崎利助商店を営む。同店建築部で家屋移動工事、測量に従事してきた。一級建築士。

曳き屋を継ぐ

山崎利助商店というのは祖父の名前から。曾祖父は大工やりよったような。曳き屋は祖父の代から始めて、雑貨店を女がやって男のほうが曳き屋と、代々やってるんです。

十六歳ぐらいからアルバイトなんかで現場に行きよったんですが、職業としては昭和四十六年ぐらいからやり始めたんじゃないかな。兄弟は女ばっかりで男は私一人だったから親に強制されてやねえ。私は工業学校へ行ってまして、力学とかが、ある程度分かっとったから、そこそこ早くできたということでしょう。通常の職人ではできるゆうたら、五、六年かかる。

そのころ、職人は七、八人ぐらいおったけど、一番おったとき、一五人ばぁ（くらい）おったんですよ。まだおやじがいたから、現場がこっちと二つ分かれてとかいうときは私が大将で、行っちょったんです。やっぱり年の功でないからなかなか言うこと聞かんで、というところが一番つらかった。

家を曳き、傾きを直す

昭和四十年代の終わり、このころは曳き屋の仕事がものすごくありました。というのは、高知市の都市計画があったので、それはもう何年かはもう、ずーっと毎日のように。

その当時は道路拡幅でセットバックして家を建て直しても、建蔽率の問題で同じ大きさの家ができない。新築やったら建蔽率六五パーセントになるんですけど、曳き屋の場合はもう全然、九〇何パーセントの建蔽率でいいんだね。

コンクリートの布基礎の場合はまず基礎を壊しておいて、独立基礎（石場建て）の場合はそのまま、家の下に鉄骨をはめ込む（写真2）。家を少しずつジャッキで上げて家の下に井桁《いげた》で枕木の櫓《やぐら》を組み込むわけ。そうするともう、鉄骨の台の上に家がどんと載った状態で、少々のことでは家、傷まないです。五センチ、一〇センチ上げるなら手動のオイルジャッキですが、余計上げないかん場合は電動ジャッキをホースで一カ所に制御しておいて、スイッチでね。それからレールの上をウィンチで所定のコンクリートの上まで曳く。そしてジャッキで下ろす。私は電動ウィンチですが、滑車の手回しのウィンチ使《つこ》うてる方もおられます。

まだコンクリートがない時分、うちのおじいなんかのときは、家を持って行くところに前もって地《じ》搗《づ》きして石を据えよったらしいですね。石の下を土と砂利で詰めるんですが、なかなか高さが合わせにくい。石の上に家持って行って、合わんと石の下へ小さな石を横からずんずん、ずんずん搗いて入れて合わせよったと。一センチ以内ぐらいの高さを合わすとなったら、なかなか手間が掛かる。私は鉛の板を石の上に入れて柱との間を調整していました。

地盤が悪いから家が不同沈下を起こしたのを水平に戻す、また全体をかさ上げする。そんなときは

写真１　自宅にて、山崎浩三さん

写真２　独立基礎の地蔵堂を、すでに礎石を配置してあるところに曳く（山崎利助商店提供）

写真３　蔵を曳き、かさ上げする。これから右奥のコンクリートの土台に載せる。鉄骨の下は、小ぶりで使いやすい森林軌道の枕木を使用（山崎利助商店提供）

柱を上げといて、下の石の部分の代わりに今はコンクリで上げるということです。

レールの前はみんなころで、やってました。ころは、真っすぐ行くのは難しい。とくに雨なんか降ったら、こっち引っ張ってもその方向に行くとは、限らんですよ。昭和三十五、六年に営林署の森林軌道のレールが大量に出て、それからレールを使うようになった（写真３）。

五十年近く前に台風で風速四〇、五〇メートルいった。こんなサッシが二センチたわむぐらい。塀にもたれかかって止まった納屋が四五度くらい傾いちょった。梁にワイヤーをかけて引っ張って家が傾いたのを一度水平にしておいて、筋交いを入れて止めた。

神戸の地震なんかのときも、地盤悪くて、傾いたお家があったでしょ。あれなんかも直るんですよ。うちのおじいが地震がおきたら余計仕事があるって言ってました。東日本大震災の液状化でねえ、高知でも二人ばぁの人間が千葉県のほうへ修理に行ってます。

屋敷門が空を飛ぶ

一九九六年に高知市の三翠園、山内家の下屋敷の門を、寄せると言う。現場に行って寸法測ったら寄せられる幅がないじゃない。「違う。屋敷の上を通らせてくれ」って言うの。門のところに二〇〇〇メーター打ち込んで温泉を掘るんです。掘る間駐車場へ一回門を移す。で、温泉がちゃんと出てきたら、また戻すと。

建物を隣の家を飛び越して向う側に移すなんて。やったことはないですよ、そんなことは。結局力学かれこれ計算してやろか言うて、二〇〇トンレッカー使ってワイヤーで吊り上げることに。大変な仕事でやる前は心配で、酒飲まな寝れんわね。

サイズ測って、重量計算して八トンか、七トンかぐらいかと割り出した。ところが、レッカーの運転手が行って、載せてメーター測ったら一四、五トンあった。一瞬、「ワイヤーあかん」と思ったけんど、ワイヤーは、四倍ほど安全率みてましたから、半分の安全率になっただけで大丈夫やった。やるときはもう、ほんと三〇分とかいうレベルで（写真4）。門を上げて駐車場に置いたら気が抜けた。あまりにも緊張してやってて、やっと息できたっけ。半年以上駐車場の仮置き場に置いておったから、

写真４　空を飛ぶ武家屋敷の門（山崎利助商店提供）

技術盗まれました。特許取っておけば良かったのにと言われたけど。

この五年ぐらい前から個人のお家の仕事がなくなって。三年ばぁ前かな記念碑を寄せる県の仕事があった。雨ばっかしの年で、仕事が進まんと。県だから工期が間に合わなかったら大ごとでしょ。これは本当気苦労でもうやめようと思った。

体が神経痛で痛い。二年前にやめました。一日中、ジャッキ持って回ったり、一〇キロ、二〇キロの重いもんばっかり運んでますからねえ。こういう状態で失敗したりしたら危ないから道具はもう処分しとこうと思っておおかた処分。

工事の写真はだいたい撮ってあります。専門じゃない人でも写真があれば、スッとこんなになって、あんなになってるって分かりますしね。これを捨てるか、どうするか思うとるところです。

（二〇一三年四月取材）

理論を大事にする山崎さんの話ぶりではあるが、不安を覚えながらも困難な工事を遂行してゆく度胸は、やはり二十歳くらいで現場の大将になった人だと納得させられた。石の上に載っているだけの昔の日本の家は、ころの上を曳いたり、空中を飛ばしたりできるのだから、曳き屋の技術は役に立つ技術である。山崎さんが整理している工事の記録は後進の参考になればよいと思っておられるようであった。

9　古民家を解体して再生する

――解体　丸山勇人《まるやまはやと》さん

昭和三十三（一九五八）年生まれ。新潟県上越市大潟区にて、古民家再生・移築を行なう「古民家まるやま」、レストランサブリーユなどの丸山事業を営む。古民家鑑定士、伝統資財施工技術士。

解体という仕事

おやじがこの仕事を始めたのは、発想が単純なんですよ。うちのおふくろがドライブインをやるっていうので建物を建てるにあたって、古い家を移築したら安くあがるんじゃないかと。で、実際にそういう仕事をしている人っていうのは、当時、たくさんいたんだよね。たとえば、山の上のほうで、家を壊す。壊した材料をそのままもらって山の下で大工さんが建てるというようなのが、この辺に昔からあった文化だから。民家再生とか、そんな言葉も何もない時代に始めたんです。

そのころ、私まだ高校生ぐらいでした。私がドライブインをやるようになってからは、店の定休日におやじの手伝いに行った。顔真っ黒くして、きたねえ屋根裏上ったりして、番付を打つなんて、人がいないんです。それで、私が図面を描いて番付を打つことから仕事を始めたんです。それだと店や

写真１　古材などを保管する倉庫にて、丸山勇人さん

りながらでもできたから、そういう仕事をずっとやってたんだけど、だんだん、だんだん、おやじが弱ってくる。ほとんど私、休みがなくなっちゃう。私のほうが仕事がしんどくなって、それで、どっちかに絞ろうということになったときに、うちのおやじの仕事ってどんどん続いていて、それこそお客さんに買ってもらってあるけれども、壊してない物件が、当時四、五軒あって、おやじの仕事のほうを取りましょうとなった。四十代だった。

昔の材はすばらしい

解体しるような建物というのは、やはり由緒があってそれなりのお宅なんだわ。自分の代で、ガシャーンって雪でつぶしたくないから、多少お金がかかっても、きれいに壊してもらいたい。願わくば、ただで壊していただければ助かりますけどっていう話。朽ち果てたほうが、持ち主はお金かからない。

おやじの代からいうと四十何年やっているから、インターネットとかいろいろ使ったりして、全国の知り合いの設計士に「こういう物件あるけど、お客さんいませんか」と言う情報を流せる。そしてたとえば五〇流して一つ話が決まったときに、初めて壊せる。お客さんがいなくて、家主に「お客さんいないし、お金をかけてつぶすしかないです」と言う場合には、うちが古材《こざい》（写真2）の買い取り分として、値引きを起こすわけです。まるっきりつぶして、もう全部処分場に出すという仕事はしたことはないです。

古材を挽いて、新品同様にして納めるってこともあるんですよ。実際にそういうもん見ると、素人の目でも明らかに違うんです。今の材料と昔の材料。もう目の入り方も密だし、こうも違うかと思うぐらい。温暖化だとかいろいろあるんだと思うんだけど。今の材は、育ちすぎているんじゃないかな。

新潟の糸魚川の家だった。欅の柱が二〇本ぐらい。それは見事だった。一つも狂っていないし、建具も全部閉まる。建てるときは、粗削りした柱材を、田んぼの中に十年間寝かせて、反るものは反らせて、白太《しらた》（辺材）の部分は、全部晒《さら》して、芯の赤太《あかた》（心材）だけ残して、反りを全部直して、それから使ったんだって。

解体する

古民家はみんな、こみ栓が入ってんだよね。こみ栓（写真3）っていうのは、柱と梁を直角に結び付けるのに、柱に穴開けて梁の枘《ほぞ》を入れるでしょ。その柱の真横の側面から穴開けて通した栓です。こみ栓なんかいったんねじっちゃうと、もう抜けない。一個ずつ順々に外していくか、それとも最初に抜いておいてから、ちょっとあまい、たとえば、ボルトだけ入れてこみ栓の代わりにして、簡単に抜けるようにしておくとかする。

写真2　古材、建具も販売

写真3　こみ栓の例

だいたい欅造りには欅、もしくはそれ以上堅いこみ栓を入れるんだけれども、なかには針葉樹系のこみ栓があって、あれは腐っててもう絶対抜けない。構造材も欅は堅い。針葉樹は弱い。欅だったら、梁が片方の柱を外して残った片側の柱に枘だけがささったまま、空中状態になっても大丈夫。これが三間あろうかという梁でも折れない。ところが松だとそんなことしたら折れちゃう。クレーンで上から梁を吊っておいて柱から外さないと。

完全復元で茅葺きの下の煤竹の果てから全部要るという場合は、大変。パワーショベルで茅をある程度むしって、軽くしといてやる。一間ごとに、さす（茅屋根の斜面を支える丸太）ってあるんだよね。あれ、一本ずつ取っていくんだ。建てた当時はさすに平等に荷重が掛かっているけど、百二十年、百三十年と古くなるとたいがい一、二本のさすに荷重が掛かっている。

重機ではたくと荷重掛かっているのは金属音みたいな硬い音がするし、揺すってみても絶対動かない。さすは屋根の南側から片側だけ外していくんだけど荷重の掛かっていないのは、抜いたって大丈夫。あ、これ、もう全然荷が掛かっていない、これは外しても大丈夫、これも外しても大丈夫って、外していくでしょう。最後、一、二本になるんだよね。ここに荷が掛かっているから、それを外して残ったもう片方の北側の屋根をいっぺんに倒すわけ。そのときに、さあ、逃げましょうってやるんだけど、ロシアンルーレットみたい。中に人がいるんだよ。怖いよ。最近は頼まれても勘弁してくれって言う。昔は平気でやる人いたけどね。

写真4　解体現場。柱など修理の跡が見られる。新潟県上越市にて（丸山事業提供）

写真5　パワーショベルでトタン貼りの茅葺き屋根を剥がす。この家はそのままの構造で伊豆に移築される。長野県飯山市富倉にて

雪を利用した作業

昔の新潟県の山の家は、必ず裏に山の斜面を背負ってるの。冬場その雪の斜面を利用して材木を上に上げてたっていう。だから、雪のないところのほうが、比較的軽いものを使っている。

雪じゃなきゃできないときもある。この辺の昔の人って、雪が積もると上まで届くから雪足場って言っていた。あと、周りが田んぼだったりとかすると、普段は重機が入れないでしょ。雪があれば、重機が入れられたりとかする。あとで荷物を持ち出すのに軽トラしか入らんようなところでも、雪の上に鉄板ひいて持ち出せるし。真冬というか、三月ごろの雪が一番締まったとき、やることもあります。

普通は設計士に入ってもらうんだけど。そのまんま建てたいって人も中にはいらっしゃいます（写真5）。その場合は昔ながらの大工さんだけでいい。建てる人は、だいたいみんな、芸術家だったり、文化人だったりして、アトリエ感覚です。住まいは別に持っているから山の中で相当広いところが多いですね。

長野の松本城を築城した小笠原家の一族だといういわれのある江戸の建物が糸魚川にあるんです。とうとう維持できなくなって、私のところへ話が来た。でもなかなかお客さんが付かない。七寸の真っすぐな柱が一間ごとに入っていて二五本ぐらいある。石垣があって樹齢三百年のしだれ桜があって、「あの建物はあそこに置いとくと、いいんだ。旅館とかならないかな」って女房は言うんだけど。

（二〇一三年十月、十一月取材）

旅行の前にはたいてい『日本の食生活全集』（農文協、全五〇巻）のその県の巻を読んで、伝統の食とか民俗的事象などいちおうの目標を持って出かける。長野県飯山市富倉に行ったときは、『長野の食事』にあった富倉そばと笹ずしを食べたいと「はしば食堂」をめざした。食堂のすぐ近くでトタンを掛けてあるとはいえ、茅葺きの民家を壊しているところだった。「ええっ、なんという。残念」と、作業中の丸山さんに声をかけてみた。このまま伊豆に移築するのだという。

連絡先を聞き翌月上越市の会社を訪ねた。丸山さんから昔の木材や建物のすばらしさを聞くことができた。

丸山さんが残したいと願った糸魚川の小笠原家ゆかりの家は、後に河口湖に移築したそうである。

10　自分の思うままに伝統建築を建てたい――大工　菊地俊男《きくちとしお》さん

昭和三十一（一九五六）年生まれ。福島県河沼郡柳津町《やないづ》で二人の大工を擁し菊地工務店を営む。一級建築大工技能士。

うちのおやじは農家です。私はもともと物をつくるのが好きで、農家はあんまり好きじゃなかった。自分が考案した物を形にできるし、大工に憧れがあった。亡くなった私の師匠は新潟の弥彦宮大工系の大工でした。隣の西会津町は、かなり新潟からの職人さんが流れてきている町なんです。おもに大工さん、とくに宮大工系の大工さんが揃っている。その流れを汲む師匠に、私は中学終わって十五歳から弟子入りして、仕事を教えてもらった。

師匠とぶつかりながらも修業

道具つくりから教えられました。鉋《かんな》は、研げば切れるもんじゃないです。台が大事なんです。それと昔は一枚刃だったんですけども、今は二枚刃になっていて、裏刃ってのが大事なんです。「陸《ろく》なもんじゃない」っていう言葉がありますが、その陸というのは平らという意味で「人も道具も平らでないと使いものにならない」とよく師匠に言われたことを思い出します。

写真１　作業所で、菊地俊男さん

仕事やって面白いなあって思ったのは、修業始めてから十年ぐらいたってからですね。それなりに自分の仕事も覚えたっていうか、ま、できるようになった。逆に師匠はこういうに教えるけども、俺だったらこうやった方がいいんじゃないかな、自分なりの、そういうのも考えられるようになった。

師匠のところには十三年いたんです。やっぱりぶつかるところはあった。ちょっと師匠の言うことはおかしいんじゃないか、なんて、どうしても自分の思ってることをやるには独立しないとだめだと思い、二十八で独立し、この場所に事務所と作業所（写真1）をつくりました。

疲れも忘れる面白い仕事

独立したころは仕事もなく、知り合いの大工さんの仕事を手伝ったり、ちょっとした修理仕事をしたり、工務店さんの応援に行ったりが、七、八年続きました。自分に仕事が入るようになったのは三十五歳ごろからで西山温泉の「中の湯」さんの仕事（写真２）をきっかけに化粧物の注文がくるようになりました。

化粧物っていうのは、入母屋造りとか、化粧垂木を見せるような、従来の漆喰造りの家です。我々大工が「建てる」って言う仕事はですね、会津杉や天然の無垢材でやる。桁《けた》全部が杉無垢の丸太材を使うこともあります。だいたい家一軒分の柱に番付を付けるのに、二日以上かかります。柱の四方を見ながらこの柱だとどの方角、どの場所と決める。それから墨付けして、刻みだけでもけっこ

写真２　会津西山温泉の中の湯の母屋（上）と癖どりした縁の下の束（下）

う二、三カ月、大きい家は四カ月から五カ月くらいかかるんでね。

　丸桁に柱を組ませたり、丸太と丸太を組ませたりと。丸桁に柱を組ませるには丸太の癖（丸み）を柱に写し（写真3）、丸太と丸太を組むには丸太の癖を丸太に写す癖どり（光り、光付け）をやる。自然の石の上の柱の癖どりは、内側の寸法が柱と同じ箱をつくって、まずこの箱型で癖どり（写真4）を

写真3　丸桁へ柱の癖どり（菊地工務店提供）

写真4　柱へ石の癖どり（菊地工務店提供）

写真５　原寸ひき（菊地工務店提供）

して柱へ移してそれから立てます。柱の枘《ほぞ》は、桁、土台、梁材全部に通すんです。材をつなぐところは、すり挟み継、台持継、追っかけ大栓継、金輪継、鯱《しゃち》（車知）継などいろんなやり方があって、そこを栓で留める。大工の腕を見せるために化粧隅木と化粧垂木を栓で留めるひよどり栓をやることがあります。俺らは鑿《のみ》で栓の穴を開けるけど、大工によっては電気ドリルで穴を開けるやつもいるみたいですね。

一本でも違ったら建前になんない。間違いしないように墨付けのとき、上《うえ》、下《した》丸太に基準墨を出し、柱に返り墨（基準墨が木を組むと隠れてしまう場合、離れたところに付ける墨付け）を出して合わせる。どこをどう間違えるか、勘違いがあるか分かんないから建前終わるまでは寝れなかったです。

従来からの日本建築の仕事には、いわゆる平面図

写真６　施主様と化粧丸桁や用材を選ぶ（菊地工務店提供）

の図板はもちろん使いますが、「原寸」（写真５）て、実物大の図面が必要です。反った屋根はまず原寸ひかないとできないですね。会津には原寸ひける大工さんは、今、ほとんどいないです。

こういう昔ながらの大工の技を使う仕事はやって面白い。とにかく疲れも忘れて仕事してしまう。俺は一切メーカーさんの仕事は受けない。俺が使うのは地元の杉材で、外材を使って木を組むなんてことはありませんから。

最後にやったこういう仕事は十三年前かな。建坪が一〇七坪あった若松の農家だった。そのときは柳津の西山地区の山を施主様に一緒に歩ってもらって（写真６）、この木はここに使いますから、この木で柱取りますからとか丸桁切りますからとか見てもらったもんです。中の障子は全部建具屋がつくった物。瓦は雪国に強いっていう新潟の安田瓦です。

今の仕事は面白くない

建築基準法があるので、コンクリートの基礎の上に木の土台をアンカーボルトで止めています。百年二百年いううち、この辺にもあるけど、アンカーボルトじゃなくて石の上に柱が載っているだけです。だからといって地震でちょっと動くくらいで崩壊することはまずないです。

昔は今みたいに金物がないですから、枘《ほぞ》を通してこみ栓で留めたり鯱どめ（写真7）したりしています。金物は要らないですよって、設計屋さんに言うんですけども。今は必ず金物検査がありますからねえ。我々は入れたくないんです。

最近検査が厳しくなって、「姉歯さん問題」からすごいですよ。今は瑕疵担保保険に入らないと。十年間は、全部じゃないですけどもいちおう保障する義務があります。基礎工事が始まると、配筋検査、今度は躯体検査、金物検査、三回ある。お客さんにはごまかしがなくて、最高ですよね。ただもう金物だらけなんです。我々はあまりああいうの好きじゃない。ただ設計屋さんの中には構造的な条件にもよるのですが、金物で柱部材を押さえないでこみ栓でいいって言う設計屋さんもいる。

写真7　鯱栓の例。鯱どめに使う（菊地工務店提供）

強さを保証しますよと言ってもだめ。折角これだけの大きい部材を使って建てるのに金具を使うのは、お客さんの気持ちを考えてもちょっと哀しい。部材が太ければそれなりの強度があるのに、何も金物を使わなくてもと思う。また逆に決められた構造計算で合っていれば部材が我々の考えより細くても大丈夫という考えなんですね。雪国だったら我々は太い柱と梁材を使います。四寸なのか五寸なのかは大工の技術はもとより経験と勘で選ぶんです。

昔ながらの工法をやればまず大丈夫だと私は思います。入母屋造りってのを見て分かると思うんだけど、柱から何から材自体が太いんですよ。それなのに基準法に適合しないとかじゃなくて、もう設計屋さんが構造的に、駄目と言う。ああいう建物を造るってのは、今は構造的にかなり厳しくなってきてます。

あまりにもこういう何て言うのかな、何もかも洋風で、純和風ってない。内壁、内装はクロス貼り、床材は合板。大壁だから柱を見るなんて必要もないです。石膏ボード貼るから、片っ端からこの柱この柱て（選ばずに）、どこでもいいわけです。別にいい柱もいらないし。建材屋さんから建具材でもユニットバスやトイレ、システムキッチンでも入れて、出来合のやつをはめる。壁の下地だっても石膏ボード。内装屋さんが壁紙を貼る。こういう仕事ってやってて本当に面白くないなあ。

和室をこしらえるお客さんがいない。若い人たちが家建てる場合、年取ると和室が恋しくなるからて、「和室一間造ったほうがいいよ」ってすすめている。畳の藺草のにおいも落ち着く。今のお客さんに神棚どうすんの、仏壇はどうすんの、と聞くと「あっ」て言う。「ああ、そうだ」となればいいけど、なかには「そりゃそうだ、そうなったらつくる」ってお客さんもいる。

弟子はうちも五人ほどいたんです。二人は途中でやめました。で三人は今は独立してやってんですけど、大工の技を活かした仕事はしていない。

ここは何とかやってます、細々と。新築そのものでというより民家をリフォームしたり、そういう仕事です。今自分のやりたいのは社寺建築。折角自分の師匠に教えてもらったのを活用したい。自分が引退するまでに一つでいいからやりたい。自分の思うままに。

民家も山も生かしたい

山がもう全然生きてないんです。活用されてない。見てもらうと分かるんだけど、杉にくぞづる(葛)がからみついてる。昔はこういう光景はまず見られなかったですよ。必ず春になると、刈り入れ。山を整理して。で、どこ見ても山は管理されていた。ところが今はもういっさいやっていない。

折角これだけの山があって使わないってのはもったいない。その風土にあった建物を、地元にある木を使って建てないと駄目なんです。この辺は冬になると雪が深い。で、春になると杉起こしって縄で杉起こして、曲がらないようにする。十七、八年て手間かけてるんですよ。そういう木を使わないと。今は手間かけるどころか、植える人もいない。

今ここら辺民家をどんどん解体してるんです。どこでも同じだと思うんですけど、まず空き家になる。それでもう解体。町でもこの柳津町は解体に五〇万円補助する。隣の三島町は一〇〇万円。行政ってのは空き家をなくしたいって考えしかないです。それを活用したらどうかなって言うんだけど「だめです。そういうお金はありません。解体して更地にしてください」って。もったいない。昔の民家てのは本当に味があるんですよ。木材てのは割れても汚れても絵になるんです。民家の改修をやってる設計屋さんには、とにかく現状維持してもらいたい。板貼りなんかを合板に取り替えるんじゃなく、補修程度におさめてかないと。元のやつを隠してしまうから。

奥会津の林業、建築業の人たちでＩＯＲＩ《いおり》倶楽部をつくったんです。古民家を活用するために、壊さないで空き家になったやつを修理する。会津の木をお客さんに提供することも目的です。伝統建築を大事にしたい。柳津やこの奥会津では屋根にこの地方独特の煙抜きってあんですよ。それを格好悪いからって屋根を葺き替えるときにみんな取っちゃうんです。そういうのも残したい。

ＩＯＲＩ倶楽部の会長は三島町の佐久間建設の社長さんです。今は奥会津に限らずメンバーは、建物にかかわる職業の人みんな、伐採、製材、畳屋、建具屋、大工、左官屋、設計とか。

二〇一〇年、東日本大震災の前の年にＩＯＲＩ倶楽部をやろうじゃないかって話が出た。で、一一年の二月にほぼまとまって春からやりましょうてときにあの震災がきた。ＩＯＲＩの仕事の第一号がいわき地区の仮設住宅となった。筑波大学の安藤邦廣教授が考案した板倉工法の仮設住宅です。今年これを解体する時期になった。そしたらちょうど西日本豪雨の被害にあった岡山県の総社市でこれ持って来ないかということで二十何棟、持って行ったとこなんです。

（二〇一八年十月取材）

福島県河沼郡柳津町西山地区の中の湯に泊まったとき、内湯もあるが、外に二十七年前に建築した湯小屋があった。伝統的な木組みを使った立派な建物であった。湯小屋と宿泊所との間に建っていた母屋は、光付けしてある束が石の上に立っていた。建築基準法があるので、当然建物はコンクリートの基礎の上に建っているのだが、わざわざ外周りに伝統技術を見せている。いったいどんな大工さんなんだろう、きっと高齢の人に違いないと思った。

宿の主人から菊地さんの連絡先を教えてもらって、一年後柳津を再訪した。菊地さんはねじり鉢巻きの元気いっぱいの人だった。伝統技法の専門的な用語を次から次へと口にし、こちらも内容をよく分からないなりに、菊地さんのすばらしい技術を使ってきたことの自負やそれを伝えることができない悔しさを理解できた。伝統建築の仕事がない現状にもめげず、菊地さんは将来を期待する事業に参画し、自分としての希望を実現すべく励んでおられた。

第2章

伝統工法の素材をつくる

伝統工法の素材をつくる

家を建てるとしてもさまざまな技術、いろいろな材料が必要である。それらを伝統技術によるものにしようとするとすぐに「職人さんがあまりいないんですよね。だいたい材料がもう手に入らないそうですね」と否定的に言われることが多い。確かに失われた技術、生産されなくなった材料は沢山あるだろう。しかしいまだに昔ながらの手間のかかる方法で品質の高い材料をつくり、それを腕のある職人に使ってもらおうと努力している生産者はいるのである。

この章では昔ながらの方法でつくった材料を提供している生産者の方々を取り上

げた。生産そのものも伝統技術であり、生産者はすなわち職人であるとつくづく思う。

1　山に木を残す持続型森林経営
――林業　橋本延子《はしもとのぶこ》さん・忠久《ただひさ》さん

延子さん、昭和二十五（一九五〇）年生まれ。忠久さん、昭和四十八（一九七三）年生まれ。延子さんの祖父陰歳さん（一八九〇〜一九七八）から引き継いだ徳島県那賀郡那賀町の一〇〇ヘクタール余の山林で、夫光治さんと延子さん、長男の忠久さんとで橋本林業を営む。

皆伐はしない

延子さんの話

最初の植林が明治四十（一九〇七）年ごろです。昔、始めたころは、誰かに木を伐って炭を焼いてもらって、そこに植林をするという感じで、やっていたのでしょう。祖父の時代は、択伐（部分的に木を選んで伐採）林業です。業者さんが山を見に行って、業者さんが選んだ木を売りました。

父は、山にあまり関心なかったようです。農業もやっていない。父の代までは木材の価格が良かったので、山（の木）を売って生活していました。

主人は銀行に勤めていてサラリーマンだったですから、私たちは最初県外に行っていましてね。瀬

写真１　橋本家の山を背に、橋本延子さん

戸内海を渡って行き来するのは、万一のときに間に合わないからと、昭和五十三年にここから一時間の阿南市へ転勤して、その後ここへ帰って来ましたが半年後に祖父が亡くなったんです。

相続税も払わないといけないし、生活もしていかないとならないので、ちょっと生活は窮屈になるけどと、いろいろ出費をカットしていきました。

私たちが帰ってきて、主人が木を一回か二回ぐらい出したときはまだちょっと値が高かった。それからはもうずーっと下がりっぱなしですね。やはりもう、それまでのように業者さんに頼っていたのでは駄目だと、これからは自分で経営をしていかないと駄目だと主人は考えたようです。

皆伐（一定の面積の木をすべて伐採）すると、一からやり直しなんです。たとえば、毎年一ヘクタール伐っていくとすると、伐った跡に植林をしてそれから下

写真２　運び出した材木を前に、橋本忠久さん。後ろは材木を運搬するフォワーダ（林内作業車）

草刈りを五〜七年はしなくてはなりませんから、二年目は倍の二ヘクタール、三年目は三ヘクタールとどんどん増えていくでしょ。間伐であれば、その工程をやらなくていい。そのぶん違う前向きな投資ができる。

植林しても今だったら鹿対策が必要。ネットを張ったりいろんなことをやらなければならない。苗は、一本一〇〇円、二〇〇円するんです。手元に何十万しか残らない。なかなか皆さん、植えないじゃないですか。だから、放置されるか、植えるとしたら補助金で植えるしかないというか。

作業道のあり方、つくり方を学ぶ

大阪の林業家で大橋慶三郎先生（一九二八年生まれ）という方がおられるんです。作業道を業者にまかせず、崩壊しないいい場所に狭い道を高密度につくって林業経営を成り立たせる。那賀川の上流のほうにそういう道をつくりたいっていう、大きな山持ちさんがおいでで、その方が徳島で一番最初に大橋先生に教わったんです。その方から「橋本さん、先生見えるんだけど、来てみる?」と言うことになって参加さしてもらいました。先生から「業者に委託するんじゃなくて、自分でやるんだったら教えますよ」と言うお話でしたので、それから二年ぐらい準備期間があって先生に教えていただきました。

昭和五十八年には実際に道をつくり始めました。主人と二人でこの家を守るためにはもう仕方がない、何でもやろうということで。主人はユンボも使ったことがないし、その免許を取りに行かなくちゃいけないということで、まあ本当に素人で始めたんですね。先生も素人でもやれるようなやさしいところから、教えてくださいました。

植物とか土質とかを見ていって、ここは通ったらいけません、そっちだったらちょっと気をつけて通れば大丈夫っていうふうなことで、ちゃんとそのいろんなものの情報、自然から得られる情報を元に、道を入れていくわけです。

十何年で年に二、三回来てくださったんですよ。先生が来てくださるまでに一キロくらい道をつけておいて、それを見てもらって。悪いところはこういうふうに直してとか指導してくださいました。

私もチェーンソーを使います。この家で生まれ育ったんですけど、林業のことは知らないし、山の仕事をまったくやったことはなかったです。木をチェーンソーで伐り倒したり、伐った木を、玉切りといって、四メートル、三メートルの長さに切ります。重機で木をつかんでおいて、下に降りて切ってまた重機に上がって操作する。最初は主人が一人でやっていたんですけど、すごく効率が悪いので、大変だったと思います。私も何となくやってみようかなというところから始めて、チェーンソーで切るようになりました。主人も動く回数が少なくなるし、効率がもう全然違います。

自分の家のことなんですが、最初はなぜ私がこんなことせんならんと思っていましたが、私がこうしたら主人がやりやすくなるんじゃないかと考えるようになって、山の仕事だけじゃなくても主人は私のことを思っていろいろやってくれるようになりました。今は主人は講演や指導で出かける機会が多く、留守がちですが、長男が主になり私も手伝って二人で作業することが多いです。作業道もでき、機械化により少人数でしかも女性の私でもできることが多くなりました。

忠久さんの話

将来を期待して生命力のある良い木を残す

国は皆伐の方向に動いていて、とにかく量を出せっていう方針みたいですね。

僕から言ったらひいじいさん（橋本陰歳さん）が昭和三十年ぐらいかな、そのころはちょうど拡大造林（薪炭林等の天然林を針葉樹の人工林に転換する政策）のときで、林業について講演させてもらう機会があった。「やっぱり一斉林だけでなく、いろんな樹種を残しながらやったほうがいい」みたいな話をしたらしいんです。でも、その当時はあまり相手にされなかったとか。

樹齢というのは、たとえば、一齢級はかける五で、五年生。うちの山の場合は、結構高樹齢の木が多いんです。一六齢級（八〇年生）のところもあるし、一〇、一一齢級のもあるし、いろいろですね。植林した木の中で一番古いのは、明治四十年ぐらいに植林した杉です。

写真３　橋本林業の土場

写真４　延子さんの曾祖父橋本宇太郎さんが陰蔵さんや職人を使って自ら建てたという自宅と蔵。柱は欅材。宇太郎さんは、野猿《やえん》（谷を行き来するロープウェーのような乗り物）もつくったようである

うちの場合は、尾根筋とか境界のあたり、あと、土地の悪いところっていうのは成長の悪いところで、そこは天然のままで残しとるんです。この辺、四国っていうのは台風が強い勢力で来ますんで、防風林の役目をさせるというのもあります。そこに植林をしたばっかりに、台風の被害が大きくなっては困ります。自然に生えてきた木をうまいこと育ててやるというのも大事と思います。土地の良いところ、風当たりの少ないところは杉とかを植林して、一斉林にしている状況です。うちは補助金をもらわんとやっています。天然林の比率は大体二割ぐらいです。広葉樹もうちの場合は今んところは残していってます。

昔は、割角にする使い方をしていたので、けっこう年数の古い太い木を売るのが続いていたと思うんですが、今はもう、芯持ち材が強いといってなかなか大径木が売れない時代なんです。将来的には大径木を買ってもらえるような状況になったら、いいなと。まあそのときのことも考えて、そういうのを残していきます。

（二〇一八年十一月取材）

今やどこの地方に行っても林業は収入にならないという話を聞き、実際放置されている山を見かける。そういう時代にもかかわらず家族で伐採して材木を生産している橋本家を訪れた。光治さんは講演のため不在であったが、妻の延子さんと長男の忠久さんからお話をうかがった。

忠久さんは明治から平成までの林業経営の変遷をふまえて、素人の私にも分かりやすく話をしてくださった。陰歳さんの一九五四年の講演録「小林業経営談」が農文協刊『林業新時代 「自伐」がひらく農林家の未来』（佐藤宣子・興梠克久・家中茂著、二〇一四年）に資料として収録されている。内容は家族で施業、択伐・混合林、天然更新法の造植林などなど、忠久さんの経営方針と合致している。将来を想定し筋の通った忠久さんの経営は、次世代にも引き継げられるだろうと期待している。

昔橋本家の前の道は街道で、橋本家は店も営業していたそうである。延子さんは動植物の希少種などの観察のほか、猿若流の日本舞踊の稽古をしておられ、座敷には琴や祖母の三味線も置いてあった。祖父の陰歳さんは化石を集めていたとのことで、街道筋の家であるから、多様な文化を楽しむ家風があるのかもしれない。取材帰りに寄ったバスの営業所には、延子さんが小紋の着物を着てヘルメットをかぶりチェーンソーを持つ自伐型林業を紹介するポスターが貼ってあった。

2　林業で馬の価値を高める

――馬方　岩間《いわま》　敬《たかし》さん

昭和五十三（一九七八）年生まれ。岩手県遠野市在住。遠野の菊池盛治さん、見方芳勝さんに馬搬《ばはん》の技術を学ぶ。馬搬振興会代表理事。二〇一一年イギリス「馬搬技術コンテストシングル部門」で優勝。

馬とともに生きる決意

私のちっちゃいころは、遠野では家畜は馬ではなくて牛になっていました。馬に目覚めたというか、やり出したのは高校三年生のころ。きっかけは、自分が敬っていう名前で、驚くっていう漢字は、敬の下に馬って書くから、馬に乗ったら驚くことあるかなと思って乗ってみた。たまたま、三鞍目に乗った馬がすごくいい馬だった。馬ってこんなに面白いのかって思った。乗りやすいし、完璧につくられた、もうオリンピックを目指せるレベルというか、そういうプロのために一流の人が乗ってきた、四〇〇〇万円ってするイギリスの馬でした。ザ・クロックダンサー。その馬に乗んなかったら、たぶん、面白くないなと思って馬はやらなかったと思います。山梨の乗馬クラブで一年、遠野に帰って「馬の里」（競走馬、乗用馬育成調教施設）で三年働いて、その間に自分の厩舎《きゅうしゃ》もつくって自分の馬も持った。

乗用馬の繁殖や競技馬をつくるとか、馬耕や馬搬もやるとか同時並行ですべてやってたんです。その当時、炭焼きもやってた。山に木を出しに行かなきゃないから、大変なんです。馬搬、馬で木を出す（写真1）っていうのは、機械が入れないところに入れるし、あ、これなら意味があるって思いました。ましてや、菊池盛治さん（次節で紹介）、見方芳勝さん（写真2）って、馬搬やっている人たちが近所にいたので、習いに行って覚えれば、できる、機械より勝っているって。

写真1　岩間敬さんに声をかけられながら、馬は材木を何本も曳いて雪山を下る

写真２　岩間さんの馬搬の師匠・見方芳勝さん。気仙沼へトラックで馬を運び、馬搬の仕事をしている。後ろは馬搬で出した木を製材してもらって乾燥させている板

写真３　牧場脇の林で馬を訓練する岩間さん。どんなこともできるようにして馬の価値を高めてあげたいという

馬をどうやったら価値が上がって、生かされるかといったら、やっぱり農林業。とくに、馬搬だったら、林業で生かすということができる。働く馬というほうが、可能性があるなと思って、乗用馬の繁殖はすべてやめて、働く馬にシフト（写真３）。三十歳の時です。同時に菊池盛治さんに会長になっ

てもらって、現在の一般社団法人馬搬振興会の前身にあたる遠野馬搬振興会を任意でつくり、助成金を県からもらって活動を始めました。

林業にも伝統技術がある

昔は馬が木を運ぶから、樵《きこり》の人たちも、そのための配慮があったんです。ちゃんと枝を落とすとか。枝をちょっとでもね、気付いたものは寄せておくとか。それだけでも大きな違いなんです。今の樵は、機械でやって、あと、枝を払うとか、ちゃんときれいにしておくとかしない。鋸《のこ》とか斧でやる人は、もうほとんどいないけど、見方さんの年代の人たちは、木伐る人はみんな配慮を知っていた。前は木を伐る人で若い人はいなかったのに、最近は少し増えてきた。でも僕らの年代では、馬搬でやるための木の伐り方をまだ理解してない。実際木を見て、枝一本でも、ちょっとでも残っていたら、それがブレーキになるんだとかっていうのを、教えないと分からない。どうせすぐ出すんだったら、出す方向に倒してもらったほうが、楽とか。

林業には、五百年といわれる長い歴史があって、その地域の伝統があります。馬にしても、道具にしている呼び方にしても、地域の呼び方があった。土曳《どび》きっていうけど、ここでは地駄曳《じだび》きっていう。その地域によって、ちょっとした道具の違いもあったんですよ。

見方さんたちが、鍛冶屋にもっとこうしてくれとか、できる範囲内での改良はしてきた。馬搬の伝

写真４　岩間さん（右）の馬搬で山から出した木の柵の中で馬と山羊を飼う渡辺沙織さん。2014年に遠野の茅葺きの家に住みたいと訪ねてきて、岩間さんが写真奥の家を紹介した

統がもっとも残ったのが遠野だし、進化したのも遠野だったんです。もう、見方さん、盛治さんの林業、馬搬のやり方って、超プロフェッショナルなんですよ。技が、なんていったって、五十年以上やっている。ところが、一年、二年で入ってくる人たちに、それは求められない。でも、そういう人たちにもできるように、木の本数を減らして、一本だけで曳くとかすればいい。

斜面削れば、戻ることはないし、つねに重力で、山は崩れたがっているので、そこに道をつくって山が崩れるきっかけを与えないとか、立木にも傷付けないとか。もともと通い道もあるし、道があるから、これ以上の道は付けるなっていううるさい山主がいるわけですよ。もう、山を大事に思う。そういう人だと、重機なんか、まず自分の山に入れさせない。馬搬じゃなかったら、木は出させないみたいな。むしろ昔は、馬だから木を伐らせるというところもあったんです。山主にはそういう人が多かった。

二年前（二〇一五年）たまたま製材業を引退する人がいて、その製材所を借りて自分で製材を始めました。製材だって、そもそも学校で教えないんで、知らないんですよ、みんな。数をこなす、経験を積む、それをして、全体が分かる。木だって、甘くないし、刃物だって、危ない。もちろん機械も一瞬の隙がとても危険なことだって大前提でやっています。

今は自分で木を伐採し、馬で出し、製材して、販売しています（写真4）。大工とかね、工務店まで持とうとは思わないけど、でも、山と消費者との間のことを自分がある程度知っていないと、説明も、本物になっていかないじゃないですか。

（二〇一七年五月取材）

住むには相当手入れが必要という茅葺き家に一人移り住んだ渡辺沙織さんにはびっくりしたが、そこを修繕するのに必要な木材を伐採し、馬で運び出し、製材までして提供した岩間さんにも感心した。万能と言ってもよいくらいの活躍をする岩間さんはとても貴重な存在である。危険をともなう仕事が多いので、今まで通りに安全第一でけがなく働いてもらいたいと思った。

3　山から馬で材木を曳き出す

――馬方　菊池盛治《きくちもりじ》さん

昭和十一（一九三六）年生まれ。岩手県遠野市土淵町にて妻タエさんと農業と馬搬《ばはん》に従事してきた。国土緑化推進機構より森づくり部門で「森の名手・名人100人」（二〇〇五年度）に選定された。馬搬振興会顧問。

馬のいる暮らし

私の家はおやじのまたおやじのもっと前から馬を飼育していました。昔は馬の背に荷物を載せて運搬する駄賃付け、荷鞍が仕事で、おやじの代から馬車を曳くようになった。馬と一緒の南部の曲がり家、くず家（茅葺き）で、物心付いたときには、家の内土間には馬釜（馬の餌を煮たりする大きなかまど）があったり馬がいたり。厩《うまや》を前足で叩いてどんどんどんと音を立てる馬や、いたずらをやる馬もあった。そういうふうなことが、当然という中で私は育ってきた。

どこの地域にもあったと思うんだよ、馬や牛の草を刈り取る山、馬草《まぐさ》山ってな。ここから見える山々も春先は山焼きをした。私が二十代のころまでは見られた。五、六十軒の戸数のこの部落に、共同山として一〇〇町歩（約一〇〇ヘクタール）ぐらいの馬草山があった。それがな、昭和三十年ごろだろうか、山を焼がれなくなったんだ。国の事業で杉などを植林することを勧め、木を育てるっていうことだ。そのときに、乳牛を各家庭でどんどん飼育するようになった。牛のほうが農家に向いているので馬をなくする農家がたくさん出て、結局、馬を飼育する家庭は一軒か二軒しか残らなかった。

奥山に残った馬の仕事

私の場合は、馬車とか、地駄曳《じだび》きとかっていう作業があるから、牛も飼育したけれども、馬車馬《ばしゃうま》をなくしなかった。地駄曳きは、土の上を曳っ張るから地駄曳き。木挽《こび》き（樵《きこり》）が伐採した丸太を、地駄曳きして山から出して、馬車に積んで製材所に運んだり、貨車積みするのに遠野の駅まで運んだ。製材所は材木だけ商うところもあるが、家の新築、改築一切まで請け負う建築業者のようなところもあった。発動機と鋸《のこぎり》で屋材を移動製材して転々と商売する人もいた。自分の山の木で家を建てる人の依頼でな。家の材料に必要な木だけ伐採して製材するから無駄がない。馬搬にはそんな家造りを支える役割もある。

朝は三時か四時に起きて馬に食べさせたり世話したりして、六時には家を出た。山仕事の場所まで二時間か二時間半。地駄曳きを四、五回してまとめた丸太を馬車に積んで運ぶ生活だった。私は中学校を卒業して、おやじの手伝いをして馬車も曳いた。高校へ行った同級生は自転車で通学して手には鉛筆や万年筆を持つわけだ。私は馬の手綱を持ったんです。

私が三十四歳のとき、おやじが六十歳で亡くなってさ。突然よ。大変だったよなあ。馬車馬二頭に、丸太を運ぶトラックもあったからなあ。トラックは買って二、三年目だったたんだよ。

それから林道がつくられ車の時代になった。それでも馬車の活用があったの。道路がつくられない、便利の悪いところに馬車を入れていって、活用はされたんだけれども、やはり道路がどんどんつくられて、馬車はだんだん、だんだんなくなっていった。馬の仕事は奥山、奥山と、便利の悪いところにと、向かった。そうして私の仕事が残ったわけだ。

写真１　自宅前で、菊池盛治さん

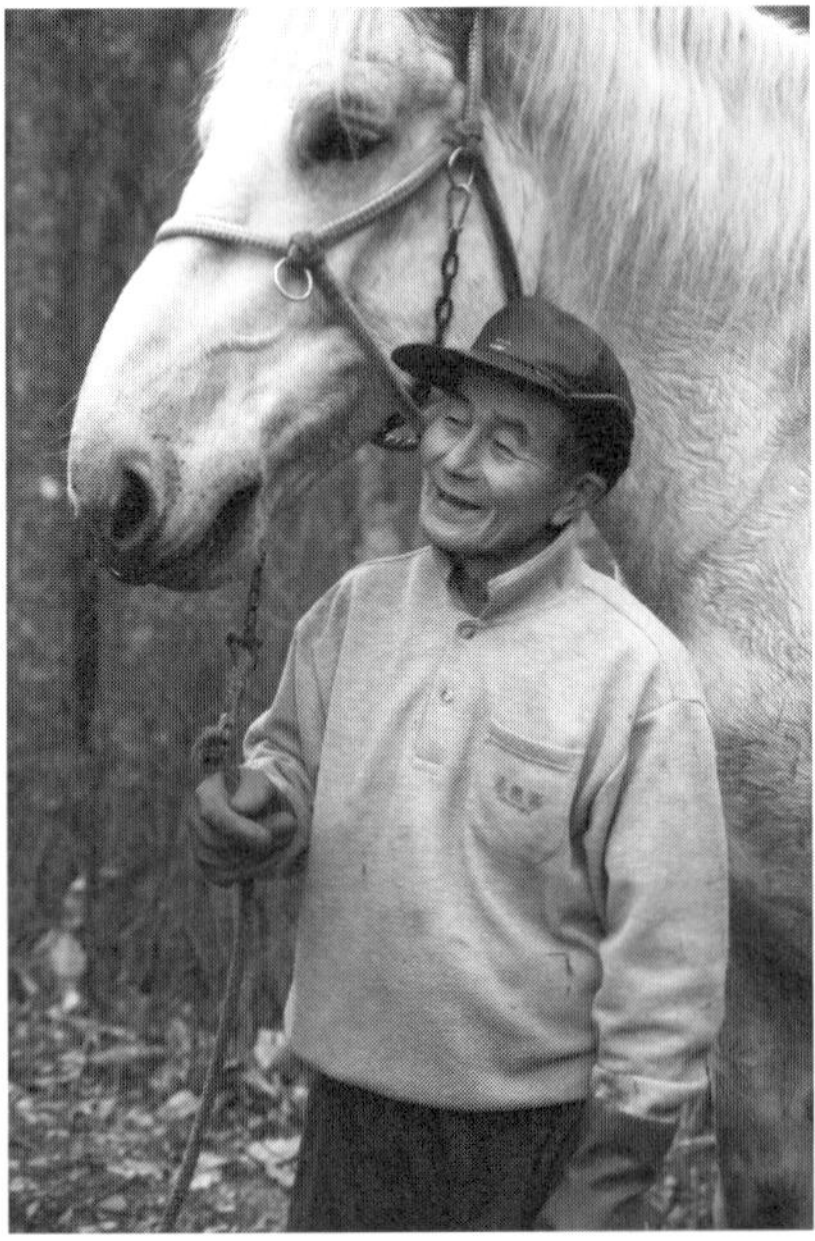

写真２　菊池さんと盛号（岩間敬さん提供）

山には人の歩いた跡が必ずある。俺の代になってからも、十代、二十代のときに入った山へ六十代になって二回入ったこともある。何百年も人が山を活用してきたでしょう。向こうの山も、裏も表も南部駒と人の歩いた足跡ばかりだ。

馬搬で残ったのが二、三人だったな。一人の人は、海岸のほうの製材所に頼りにされて行っている。私の場合も、山の作業場がここから一〇キロとか一五キロだり、二〇キロのところは、トラックで馬を移動して作業するんです。そうして、今まで継続してきた。

去年まで、盛号《さかり》って馬（写真2）がいたけども寄生虫か熱病で亡くなってしまった。不注意でした。しかしまた飼いますよ。今、支度してます。

農業をしながら馬搬の仕事

たった一頭か二頭だもの、馬には手をかけなければ。うんと暑いときは、やっぱり休むことや体調に気を配って。まあ、馬の作業は冬期間だという考え方ではきたんです。農閑期に山の伐採作業との連携でということで。雪のときは曳きやすいし、そのころ伐採した木は締まるといわれています。

農業もやらなければ。俺の場合は、農業は、ホップとかタバコとか、田んぼとか耕してきた。草地《ち》、畑さ、草（牧草）を蒔いたり、田んぼの減反で草を蒔いたり、まず五〇アールよ。オーチャード（グラス）の種を三種類ぐらい混ぜて、蒔いたりする。そのぐらいな面積のところで一頭の餌を賄いして

写真３　鳶で材木を動かす。菊池さん（右）の指導を受ける後継者の岩間さん（左）と伊勢崎さん（中央）（岩間敬さん提供）

きたり、足りない分は買ってきたり。

　もちろん昔は農作業だけに馬を使う家庭もあった。田の堆肥だって牛よりも、馬のほうがいいから。小ぶりでも、木を曳っ張らなくてもだよ。うちの場合は、体形がでっかい馬で、木も曳っ張ったり、農作業もしてきたんです。私が二十代のころまでか、農業に馬使ったのは。田作業で女の人が、田の中に裸足で入って、差し竿取って馬を向こうさやったりして作業をしていた。

　農業はやるべきことと思ってやってきたのさ。それ以上、いいものはないと思うから。四十歳になって耕すのが大変だと思うとき、耕うん機が入ってきて、また五十歳になってこれまた大変だなと思うとき、今度はトラクターが入ってきた。だから、機械に、助けられてこうやって続けてきた。

もう二十年も前にな、馬を自分の息子にやらせればいいんだなんて言われたことがある。俺の家はまず、子は男二人だけれども、息子にやらしてくれればいいと言ったって、向きが違うんだよな。十年ぐらい前からなあ岩間敬さんという若い人が来て、馬をやろうとしているわけだ。できるだけは、話っこ聞かせたり、協力はしている（写真3）。それで私の後継者ということで岩間さんや研修生の保坂忠晴さん、伊勢崎克彦さんといった若い人たちが、「一生懸命やる」って言うから、遠野馬搬振興会ができて、私が会長になってしまった。五年目だかな。今岩間さんたちは「自分たちで出した材木を使って厩舎を造ったり、戦前の家をリフォームしたりする」って計画しているそうだ。

馬だけでは、やっぱり駄目だと思うんですよ。土を耕す農業も大事なわけだ。馬を飼育するには、「人の倍働かねばねんだよ」と岩間さんたちに言うと、「大丈夫だって、大丈夫」って。そうだよ、三十代だもの、若い人たちだもの。

（二〇一四年二月取材）

岩間さんの師匠の一人である。うかがったのは愛馬を亡くされて一年のときであった。馬を運動させる広い場所があり、馬を運搬するトラックもあった。おそらくご自分の年齢を考えて、次の馬を飼おうかどうしようか迷っておられるのではないだろうかと推察した。

4　土佐漆喰は石灰岩を石炭と塩で焼く――漆喰　北村富男《きたむらとみお》さん

昭和二十（一九四五）年生まれ。高知県南国市稲生で妻富子さんと土佐漆喰を製造する。割れない漆喰をめざして、石灰岩を重油で焼く工場がある中、塩とともに石炭で焼く灰焼きの工法で行なっている。

石灰岩を焼いて石灰をつくる

元は石灰岩がここで採れた。この山の上に石を採った跡があるんです。今は土佐山（高知市）から採ってくる。

竈《かま》（写真2）はできてからどれぐらいなるやろ。うちんとこが、やったわけやないけど、じいさんがここを買って五十年くらいだからもっと前のもんや。灰焼きって、竈を焼くのは、じいさんからやけど、灰に藁《わら》すさ混ぜて漆喰やるのは、おやじの代からなんですね。

仕事は子供のときからやりよった。灰焼きはおやじがやっちょったき、中学出てからやってた。オート三輪で配達にも出てたよ。中学の友達は集団就職やからね。

灰焼きは普通のとっくり竈でね。御神酒《おみき》どっくりを逆にしたようなやつで、煉瓦でできている。高

写真１　作業所にて、北村富男さん

写真２　竈の外観。山の斜面を削って竈を設置してある

写真３　竈小屋。左に石炭などが積んであり、右に石灰岩がくべてある竈の口がある

写真４　生石灰を取り出す口

写真5　朝くべた石灰岩が載っている竈の口。直径約1.4 m。縁を煉瓦27枚でつくってある。竈の中の胴周りは煉瓦35、6枚になる

さは四メートル弱かな。昔でいうかまどと同じなんです。普通の焚《たき》付けと一緒で、コークスで火を付けておいて、石炭を入れて、石灰岩を入れて、火をつくると。

上の口（写真3）からコークスと石炭と石灰岩とをくべて、ほんでその上へ塩掛けるのが一回分で、煉瓦四枚ぐらいの厚みです。その上にまた二回目、三回目とくべて、下から上までずっと詰まっている。七回分やね。火自体が回るのは煉瓦十枚ぐらいまでで、そこから上は燻《いぶ》しているわけです。

朝晩二回、朝昼晩三回とくべるところもあるけど、うちは一日に一回しか、くべん。焼いている石が（生）石灰になって出てくるのに、早うて一週間かかる。それを下の口（写真4）から掻き出す。その分全体に下に下がるからその空いたところにまた上から一回分くべるわけや。

そこにくべてある石（写真5）は今朝入れたがよ。下から灰下げるのは明日の朝。そしたらまた上から石をくべる

んよ。

石炭、コークスは全部中国から。塩は外国の岩塩。これまではメキシコ産が来てたのが、今はニュージーランド産や。なんで塩を入れるかって、化学的には分からんのよ。

重油やなしに石炭を使う漆喰の焼きもんは、稲生《いなぶ》でうち含めて四軒、ほんで、野市（香南市）に一カ所あるから高知では五軒。全部塩焼きになる。

灰といっても普通の石と変わらない。今度これに水をかけてふかしたら、自然に粉末の消石灰になる。すぐ粉になるけど熱を取るために一日置いておく。灰をふるいの機械に寄せるときに、いかん軽い灰は全部飛んでしまう。ほんで、うちの灰はあんまり軽うないわ。全部自動の機械ぶかしと、手ぶかしの違いは、それなんです。ほんで灰に、漆喰自体にむらがなくなる。

じいさんのころはこれを俵に入れて出荷してたんです。それを今度は、左官屋さんがやね、臼で搗《つ》いて藁《わら》と混ぜた。それはまだそのとんと昔やけど。今はそんな辛抱する者もおらんしよ。

藁を混ぜて漆喰をつくる

藁は切って水を掛けて発酵させているんです。一《ひと》月半ぐらいでだいたいすさに使えます。今、日本の藁は、使えんのですよ。肥料とか何やかんだやって、節が硬くなった。中国藁はね、水さえやったら、芯は残ってものすごい軟らかくなる。

灰と藁を混ぜて、水で練り込んだのを、すりつぶす機械に二回通す。そうすると藁すさも壊れるし。混ぜる藁すさの具合で壁の建材用と瓦の屋根用と、うちは二種類つくっとるんです。屋根用のすさは藁の荒いがを混ぜる。けど地震（一九九五年阪神・淡路大震災）から瓦屋根がいかんなったでしょ。屋根が重たいき、いかんて、今は全部、トタンやからね。ほんで、瓦屋さんが、あれからものすごい減ったん。

練った灰をビニール袋に詰めるでしょ。それを、二カ月か三カ月か置くわけ。うちは、こういうつくり方ですけどね。

塗った漆喰が割れる状態いうのは、だいたい灰が原因としては、二種類しかない。赤灰《あかばい》いうて塩が足りなくて温度が高くなりすぎて石灰の上だけしか焼けてない場合、漆喰が粘くなって割れるんです。もう一つは、上がお焦げになって中に石、芯が残った場合、壁塗ったあとでそれが噴いて漆喰に穴が開くんです。

あとは灰に水掛けるでしょ。そのときに全部溶け切らん石灰ができる場合。袋の中にあるときは噴かないから大丈夫と思ったらそうやなしに、袋から外へ出して空気に晒《さら》されたら、噴いてばっとくる。ほかにはすさの配合の問題やね。

つくり方はそれぞればらばらやし、できた品物も一定してないのが、いわゆる土佐漆喰の練り灰《ばい》なんです。うちでも同じ品物はできんのや。石灰つくるやて勘でしょ。

今は漆喰で塗るにしたら、だいたいが耐火ボードで、あとはラス壁、木すり壁か。みんな薄くしか塗れん。薄く塗ったら割れやすいんですよ。うちの漆喰で割れたって言われたらね、気になるんです。みんなにも言うけども、うちのつくる漆喰いうのはよ、セメントと一緒なんですからね。原料なんです。人によったら、自分のやりたいように工夫するんですよ。北村のはサラっとしているから、よその粘い漆喰と混ぜてとかね。左官屋さんの自分の腕でやる。その代わり、何かで割れたりどうこうしたときも、漆喰屋に苦情はない。土佐漆喰は製品として見てもらうんじゃなく原料として見てくれと言いたい。

（二〇一三年四月取材）

工場というと塀に囲まれた平らな土地に四角い建物が建っているような感じを持つ。ところが北村さんの工場は崖を利用して山の斜面に石灰をつくる竈を設置してあった。同じ敷地内に三世代の住まいもあった。北村さんはおおらかな性格のようであったが、漆喰の品質管理と工夫には細心の注意を払い、自信を持っていることが感じられた。

5　国産漆を採取する——漆掻き　佐藤春雄《さとうはるお》さん

昭和六（一九三一）年〜平成二十八（二〇一六）年、岩手県二戸市浄法寺で漆掻き、農業に従事。平成十九年から二十二年まで岩手県浄法寺漆生産組合長。

漆を掻くのを始めたのは十六歳から

親は、百姓しながら炭焼きしてた。おやじがまずよ、昔はほに（本当に）親孝行だったの。俺はそう思う。自分は金使わねえで、炭つくって、全部おやじの親が炭を売るわけだ。おやじは金持たなかった。で、まあ、かかあもらってよ。かかあにお金くれることもねえんだ。

俺は長男。俺から下は六人。七人兄弟だけ。親も大変よ。それで、おふくろが、七人を育てて、今年（二〇〇九年）二月に九十九歳で亡くなった。昔はさ、よくやったもんだなって感心しているわけだ。学校に三人も入ってるんだ。俺はろくな勉強もしないで、けれども、まあどうかこが（どうにかこうにか）まず生きてはきた。

戦争負けたときは、小学校六年だっけかなあ。まずさっと（少し）記憶があるども。さっぱり本もない勉強だったの。ほら、草取りとか、奉仕ばっかり。本がなかったんだわ。都会にはあったけど、こっちはない。帳面もなし。そして、障子紙というか、障子紙の少し厚いのがあってそれを使った。だから、頭のほうはゼロなの。でも、やっぱりよ、貧乏だから都会の人に負けない頑張り屋になってしまった。本当に貧乏ってみじめだった。

下方《したがた》のおじいさんに、「金欲しかったら漆掻け」って言われた。「金を使う暇がねえんだ」と。下の人は体もよかった。湯瀬（秋田県鹿角市）まで漆を十貫目（約四〇キロ）背負って歩いて行くって言うんだ。岩手県の組合に入ってるから、県内で（勝手に）売れば漆掻きはやめなければなんない。青森県、秋田県さ持って行って売れば、それがないわけだ。だから、夜のうちに秋田県まで湯瀬までも十貫目背負《しょ》って行ったんだと。それで、その人に言われたの、「ただし、つらいぞ」と。

昔の漆掻きは、食事も粗末だった。本当にさ、お弁当に何が入っているかといえば、何もないとご飯が悪くなるから梅干し一つ入れる。それから、みそ大根。あと何にもねえの。ここは田んぼがあるから、ご飯は白米よ。岩手県の葛巻に漆掻きに行った。木はある、それで、田んぼがねえ。いいときで、粟飯。あとは全部、稗《ひえ》ご飯。今の弁当はよ、おかずのほうが多いわけだ。

うん。そうして、よくやったもんだなって思う。俺は一番小さいので兄弟子の職人さんについて一緒に掻くわけだ。俺は自分ながらよ、木の下の方をまず、やった。あんたに負けないよ、取ってみせるってこう、その何というか、意地、気持ちというか。そいでやっぱり、ま、助かったと思うの。そして二年奉公して、三年目に今度は職人になったの、は。

よそ行って一人でやれるまでには、やっぱり二年、三年ぐらいかかるんでねえの。ここの組合も研修は三年。見習いもいくらか給料もらえる。

漆の木を買って独立

ちゃんと下々《したした》の仕事、雑用までやった。そして自分でやり始めた。そて、師匠さんが、漆を売っているところ、弘前の越前屋、そこへこんだ職人で飛び込んだ。越前屋は木文字で、漆と大きく書いてある。福井県から兄弟が五人来て、よく一代でもうかったもんだなあと思ってよ。越前から来た人の足跡には草も生えないいって、たとえがあった。それだけ越前衆が辛抱人だったらしいな。

で、俺は（自宅のある）浄法寺でもいろいろ、黒目《くろめ》もやるもんだから、倍の給料もらえたの。黒目るって、採った漆を精製して塗料として製造すること。

俺そこで、二年奉公した。二年分の給料五万円もらってよ。それで手に入れた漆の木を社長に売って二〇万もらったべ。そして、独り立ちになったの。

かかあをもらったのは、おらが二十《はたち》のとき。ちょうどその年、職人になったのよ。昔は金がなくもな、税金納めていれば食っていけたわけだ。今は、毎日の金が要る。大変なもんだべ。かかあに子供が四人、兄弟も六人あるんだ。最初子供は女三人だべ。これまだ大変なことになると思った。で、四番目に男が生まれたの。息子は漆掻きをやるつもりだけども、冬分《ふゆぶん》、仕事がないから今は設計事務所に勤めてる。

田植えとか、田を刈るとか忙しい時期は土日を選んで、息子を呼ばるのよ。百姓は本当にゼロですよ。一町歩あるけども、今八反歩しかやってない。それで、米をなんぼに売ったと思う。一〇〇万円抜けたよ、九〇万だ。漆樽一つ分よ、漆売れば九〇万取る。で、機械も買えるし。まずよ、俺はなんぼ八十(歳)近くなっても、ほら、漆樽四つは採る。一貫が、三・七五キロ。ほんで、五貫樽が一つの単位ね。四つ、二〇貫は採られる。したら、百姓の四年分取るわけだ。ええな、なあ。俺は働くほうがいがべよ。

近所の人に去年、「漆掻け」って言ったの。「販売は俺のほうで引き受けるから」って。一日中働いてまず一〇万円ずついくべって。たら、息子が掻く、おやじも掻いで。それで、田植え機械からトラクターまでみんな新しくなった。二人でやるんだもの。

目的に応じて漆を掻く

漆掻きはいいときもある、悪いときもある、十年ごとに、値段が変わる。良いとなればいっぱい掻くべ。それで、いっぱいあれば、漆が(出)回る、へば今度は安くなる。今の値段はまず、まあまあな。

今まで漆掻きが少なかったのも、その値段の結果だったわけだ。十五、六年前に金閣寺をやった。金閣寺は前に中国産を使ったんだと思う。三十年しかもたねえやつだ。そして金閣寺では今度、全部浄法寺漆を使ってみるってことになった。そして二年間、金閣寺の漆さやった。そして、去年、おととしから、日光の東照宮で、浄法寺の漆を使ったわけだ。とにかく漆は今、日光が終わるまではいいと思うども。今度は伊勢神宮だ。

イギリスで漆を研究している人がいるんだ。で、文化財の修復には浄法寺漆を使いたいと。まず話だけだども。だから、九カ国から大型バスで来ていたの。アメリカからイギリス、フランス、ロシアまでよ。世界遺産には漆を使うから。本当に今、浄法寺漆はありがたいというか。

どんな漆でもいいわけでねえ。乾かないと。それに、認証、証明書がないと駄目なんだ。俺のも同じだと思っていたら、「いや、おめのだば（おまえのだったら）、証明書は見なくてもいい」と。うちの最高いがったって。滓《かす》一つもねえ、ほら。みんなきれいな漆。

採れるのでなくて、より採るためには、働きがなあ。農家も夜五時なれば帰ってくる。俺は、明るいうちは六時、七時まで稼いで。昼よりよ夕方が漆が出る。俺、どんと昼寝して。それで、夜どんと遅くまでやる。仕事終わって寝るときはいつも九時。家さ来てば、一杯飲めば、は、寝る。

我々は冬の仕事はねえの。うん、あんだども、枝漆（枝を水につけておいて家の中で掻く漆）も掻くども、とにかく忙しいから今はできないの。枝漆は下地漆にする。

かかあが皮を削る鎌づりは二、三年、やった。楽だし漆が取れるわけだ。

いや、いい漆はいい漆の木からというわけでねがべども（わけではないと思うけれども）、乾きと、それから、つやだわ。つやが出れば、乾きが遅いの。そういうことだ。

写真１　自分の漆の山を歩く佐藤春雄さん（左）と臼杵春芳さん（右）。漆の生育に向いている場所だと言う

すぐ乾くと何ていうか、こう、にじむところがあるっていう。だから、時間が二日とか三日かかって乾燥したほうがいいというところもある。五年もたった漆だらすごく色がいいんだ。すごいもんだ。自家製でも五年置いてつくる。

掻き方がある。早く取ればよ、あまり良くない。夏にぱっぱと取ったらよ、秋は、出なくなると思う。漆も七月《ななが》の末から八月までに取ったのが一番いいの。蒔絵の人方はやっぱり八月の末のほうがいいんだ。乾きが遅いほうが。逆に東照宮は乾きは早いほうがいいよね。

組合でまとまって、一回そこに全部集まって、二十何人集まって、そして漆をみんなで、これはどこに出すかを決める。全部一緒に出すわけだ。組合だからみんな公平にやらなければいけない。悪くても良くても一緒。いい漆を採った人が、まず損をするわけだ。良くない漆を出した人がいても俺は「あんたのは駄目だ」って、しゃべられない。今年は不純物があったのは駄目になった。問屋から返品してきた漆は、組合では引き受けません、自分で販売してくださいってことにした。へば、その漆は安くしなければ、売れないわけだ。

品評会、ある。十月なんだ。今度来てみね。

漆は木を買ってこねばよ、駄目だ。木がなければ漆は出ないの。木を買うのに金はかかっても仕方ねえの。俺は、漆の木を千本買ってあるんだもの。千二、三〇〇はある。そこは、かもしかはいるけれども、熊いねえから大丈夫だ。いいとこだ（写真1）。おらほ（自分のところ）さ行けばよう、あんた、漆が良く採れる。掻けと言われても場所が悪いところは、掻きたぐねよ（掻きたくない）、掻きたぐね。

（二〇〇九年六月取材）

第4章第5節の塗工芸松原慎吾さんの話にあるように、漆は食器だけではなく建物の部材の塗装に使われている。国産漆の生産者の話が聞きたいと浄法寺を訪れた。二戸市が経営する浄法寺漆の工房・販売所の滴生舎から民宿天台荘へ向かうタクシーの運転手に、この辺で漆掻きの話を聞けるだろうかとたずねたら、民宿で頼めば大丈夫と言われた。天台荘の女将小軽米マキさんは、その夜、佐藤さんと京都から修業に来て三年目の臼杵春芳さん（次節で紹介）を天台荘に招待してくださった。小軽米さんと佐藤さんは小学校の同級生だった。小軽米さんお手製のどぶろく「天台酒」を飲みながらの取材となった。佐藤さんの浄法寺言葉はむずかしく、臼杵さんの通訳なしでは成り立たなかった。

子供の時分は、同級生といっても佐藤さんと小軽米さんは別の世界の人という感じだったらしい。今は分け隔てなく交流していて、戦前にくらべればとてもいい時代になったのだろうと思った。

佐藤さんが植えたたくさんの漆の木はどうなっただろうと岩手県浄法寺漆生産組合に尋ねたところ、家族ではないけれど佐藤さんの後を継ぐ方がいらっしゃるということだった。また二〇一五年二月に文化庁から重要文化財や国宝には国内産の漆を使うこととの通達があり、浄法寺では供給が追いつかない状態だそうである。若い世代に佐藤さんのような人が何人も育つことを期待したい。

6　漆を植え、採り、塗る——漆工芸　臼杵春芳《うすきはるよし》さん

昭和二十九（一九五四）年生まれ。香川県丸亀市綾歌町在住。彫刻家新宮晋氏に師事。浄法寺研修生として漆掻きを前節の佐藤春雄氏に習う。注文家具の製造のほか、漆の栽培・塗りから全工程を行なう木工製品を製作している。特定非営利活動法人さぬき漆代表。

漆の木も利用

京都で家具つくっとった。ニトリが安い家具を大量に販売するようになって、家具も大きな注文が減ったし、暇になってきたし、時代が変わってきた。このごろは小物をつくっている（写真1）。このお椀は本当の日本産で、漆の木なんです。漆を掻いたあとの残り。これは浄法寺から持って来たやつでな。佐藤さんからもらった。京都には、製材がいないんです。かぶれるからやってない。福島はやってくれる。もともと山の人だから、製材する人がかぶれないんです。製材で、分厚い板にしてもらって、そこに置いてある。ゆがむからみんな漆の木は、やらないです。僕らは気にしない。軽くて、丈夫やし。んで、今、これ。漆の木でつくっとる。

写真１　臼杵さんの作業場

まあ、浄法寺で誰かやり出しとるけどね。あそこは材料がある。今まで使い道なかったしな。
　今までは漆を採ったあとの木を薪《たきぎ》にしよってた。江戸時代から、漁網の浮きにしてた。木の浮きで穴が開いているやつ、ありますね。桐か漆の丸い木やった。漆は、水に強くて倍もつから。それを売って、捨てるところがなかった、儲かったんや。全国に出荷しとった。今は、プラスチック、ウレタンに代わったけど、もう一昔前は、全国に売っとったっていう話やね。昔は捨てるところはなかった。戦前は、伐ったとき、倒したときに実を取りやすいようにして、それを買いに来る人がいたいう。もともと江戸時代は蝋燭《ろうそく》の原料だったでしょ。実のほうが大事やったん。漆は副産物だった。今は、実は捨ててる。ほんで、実が良く成るのは、あまり漆が採れないみたいですね。実のほうに養分が出るから。今は、漆を採るためだけやね。これからは、まだ使おうかいう話になっとる。実も、中国のほうが高くなって。櫨蝋《はぜろう》と漆蝋は中国産なんです。櫨蝋は、九州とか愛媛県の内子にちょっとあるけど。

今までは中国産の漆の実を買っとんやけど、だんだん値が上がってきとるんです。輸入したり、いろいろ経費をかけたら、合わなくなってきた。で、そろそろ日本産に転換しようかいう話にはなっている。ほんで、漆生産組合がいっぺん浄法寺と話したんやけど、値段が合わなんで、やめたんや。

日本の漆を使いたい

浄法寺に行ったら日本産の漆が良かった。においがいいもんな、日本産。もう全然違う。中国産は臭いもんな。なんか混ぜもんが多いのかな。

中国まで見に行ったんやけど。少数民族が掻いとった。漆掻きから直接買った。そんで、買った漆を産業技術研究所へ持っていって分析したら、そんなに悪くなかったんや。でも、漆屋で買う中国産は悪い。だから、誰かが増量してる。それは、中国人か日本人か分かんない。

掻き方が違う、道具が違う。日本人は、やっぱり丁寧に掻くから、品質はいいね。

上塗りは、黒目《くろめ》るというか、こう、取った漆を木の棒で回してつくった漆を使う。それをしなくても、置いておいたら色が変わってくる。置いておいたら水分が抜けて黒まるんです。うちでも五年もんとか残っておる。ほんで、水分が抜けてるから、黒目たのと同じです。

採る時期によって、漆は、五種類あるんやけど、初、盛《さかり》、末、裏目、枝漆。五種類いうたらややこしいから、まあ、初、盛、末の三種類か。

ほんで、一番いいのは、盛なんやけど上塗りに使う。よく乾くのは初漆のやつです。七月ぐらいまで採れて。それが今、文化財の修理なんかは外で塗るから、それがもてはやされる。下地は、枝漆を使っとったんやけど、今は、採る人もおらんし、やっぱ効率を良くしたいから、みんな、初を使うのね。それとか、中国産とブレンドするかやね。一対一みたいに。

漆の木を植える

浄法寺の研修生に行くころから、自分で漆の木を植え出した。京都に少しずつ植えながら浄法寺に通ってた。京都、探したんだけど、山を売ってくれなんだ。京都の山は、ほとんど、スーパー・リッチが持ってる。お寺とか。金に困らないやつが、北山を持っとるから、売る気がないし、手に入らないの。もっと山奥へ行ったら入るかもしらんけど。京都周辺は無理。

ほんで親の介護もあって最近ハンドルを香川に切った。まあ、どこにも植えられなかったときのために実家の土地に植えとったんです（写真2）。その保険が利いた。京都で探したけど、なかなか売ってくれないし、あっても山の上の地主から、のけ言われるし。香川のほうがよかった。

今はもう浄法寺は東照宮が忙しいから売ってくれない。浄法寺の漆は全部東照宮に行く。去年、実験的にここのを一〇本掻いたんやけど。親方のとか浄法寺のが五貫ぐらいあるし、二、三年我慢すればば、僕らのは五〇〇本ぐらいあるから、あと自分のやつでできる。

県に、漆の木の植栽を申請したんや。そしたら中国産をみんな買って使っているから困ってないっ

写真2　漆畑で臼杵春芳さん

写真3　てんぷら用に漆の芽を摘む臼杵さん

写真4　臼杵さんの工芸村。奥左から作業場、臼杵さんの住まい、臼杵家の母屋。後ろの斜面には漆の木が植栽されている

て。今のところ県はやる気がない。危機感がないんですよ。本当は困ってたんやけどな。

漆掻き、一人若い人を養成したんです。それを考えて、讃岐漆芸美術館の多田博文さんたちとNPOを立ち上げて（二〇一七年五月に認定される）、漆の木を植えよかって話をしているんです。千本ぐらいあったらな、誰かが掻くよ。でないと、今まで植えた漆の木もただのごみの山になる。隣にある戦前の家を買ったので、そういう人の住まいにしようかと思っている。ここが工芸村になる（写真4）と言ってくれる人もいるんです。

（二〇一七年四月取材）

臼杵さんの生家は父久充さんが戦後開拓した城山の麓にある。城山の頂上には昔、長宗我部《ちょうそかべ》の家来長尾氏の山城があったという。生家と並んで住まいと作業場を建てた。住まいは、風評被害で仕事がなくて困っているという福島の大工に頼んだそうである。大工は昔ながらの工法にこだわったが、建築の検査会社の指摘で、審査のときよりさらに金具を多用することになった。それでも伝統工法を使った見事な木組みの家であった。第1章第1節の星清信さんはその方の知り合いであった。

畑にならない急な斜面には漆の木を植えてあった。漆の芽のてんぷらを御馳走になった。たらの芽のてんぷらよりおいしかった。私はもちろんかぶれはしなかった。史跡もあり、また桃源郷のようなこの地で、鷹峯光悦村ではないけれど、臼杵さんを中心とした工芸村ができたら素敵だと思った。

7 快適な畳は藺草《い》の栽培から

――藺草・畳表　山浦義人《やまうらよしと》さん

昭和二十二（一九四七）年生まれ。福岡県三潴《みづま》郡大木町にて妻一子《かずこ》さんと一町八反（約一・八ヘクタール）の田に「筑後みどり」と「いそなみ」二種の藺草を栽培し畳表を生産する。見学・体験者の受け入れも行なっている。

田植えは十二月、収穫は七月

藺草栽培の歴史として福岡県は四百年以上ぐらいあるとです。ここから四キロぐらい上《かみ》に、文禄年間（一五九二～九六年）に大正院《たいしょういん》というお坊さんが藺草を持って来て、ここに広めたんです。最盛時はこっちを見ても、あっちを見ても、もう見渡す限り、藺草ばっかりやったですね。福岡県では三〇〇〇ヘクタール近くあった藺草の田んぼが今現在一七ヘクタール（二〇一八年には七ヘクタール）ぐらいになった。藺草の生産者は、もう一七人（二〇一八年には七人）しか残っていないんです。中国に苗持って行って二十五年になるんでしょうかね。三十年ですかね。藺草の畳表は八割が中国産でしょう。

藺草は稲と違って株分けで増やします。田んぼは、水入れて、植え代《しろ》までして、十一月の下旬から十二月の上旬あたりに本田《ほんでん》に苗を植えます（写真1）。藺田植え、藺草植えですね。

写真1　苗を植え付けてから約2カ月後の冬の藺草田。山浦さんは植え付けてから1週間で田の水を落とすのがいいと言う

除草は、最低限の薬を二回だけ振るんですけれど、あとはほとんど手で。先刈りをするちょっと前、十人ぐらい雇って、ばーってやるんです。

先刈りというのは、四月下旬に三五センチから四〇センチぐらいに草丈を、みんな一回きれいに頭を揃えて切るんです。そうすると十五日くらいあとに出た芽が、一六五センチくらい、ぞおっと長い藺草に伸びて上等な品になるわけです。

一二〇センチぐらいになるともう倒れ出す。だけん、網掛けする。七寸（二一センチ）枡のネットを掛けて、その枡目から藺草が伸びるように。一晩で三〜六センチぐらい伸びるんです。一週間に一回ぐらいはネットをずり上げていかんと。また台風が来たら下げんと、藺草がネットからもれてしまう。

七月中旬、先刈り後の伸長からだいたい六十日

写真２　これから織機にかける藺草の束と山浦義人さん。奥はござ織りの作業場。７台の織機を所有している

で一六〇～七〇センチぐらいになる。収穫です。刈ってすぐ生で泥付けして乾燥します。泥染めすると香りが出る。しわの中に土が入りきって摩耗がしにくくなる。それと、色つやが良くなるっちゅうか、きれいな青になる。泥は自然の土です。自分の小さいころは田んぼの土だった。ここ二十年は備後染土《せんど》ちゅうてね、広島から来よったばってん、そこがやめにならはったんけん、今は淡路島んとを使《つこ》うてる。

　昔は、藺草が売れていって在庫がなくなったとき、品が悪くて売れ残ったもんがかえって高うなった。四十五年前は網掛けはしてなかった。雨が降っても倒れたまんまだったけど、悪いのもけっこういい値段で売れたんです。福岡県南の所得番付でも全国番付でも、この地区の藺草生産者はもう、上のほうにあったですね。

乾燥した藺草は長いものから短いものまで、長さで三寸ずつぐらいに六段階により分ける。で、一番長いのが四尺六寸以上で、一番高い表。それから順番に単価が下がっていく。

だいたい備後はござ打ちは一年遅れで、私のところも一年遅れです。一年たつと色が落ち着く。新《しん》草《ぐさ》って青臭いんですよ。その強い草のにおいが落ち着くし、畳にしたときに、かびが発生しにくくなるんです。

じいちゃんまでは手織りしとった。せいぜい一日二枚です。表より藺草を売るほうが多かった。家内と結婚したとき、機械を買いました。今は藺草の生産だけでは採算が取れない。全部自分で加工してます（写真2）。

日本一の藺草をつくりたい

昭和四十年に、自分のところが五代目ぐらいの藺草の農家だったもので、日本一の藺草をつくろうと私は就農したんです。江戸時代に備後表が一番の日本の最高級の表として成り立ったじゃなかですか。私どもが就農したときは、福岡の畳表はぼろちゅうわけです。藁《わら》藺草でぼろちゅう言われて、ちょっとのう。こっちは、いっちょん変わらん同じ仕事するなら、もう最高の藁藺草つくろう思うじゃなかですか。

備後表がどういう環境下でつくられているかを知りたくて広島に行ってみました。やっぱりそこ

写真3　100年以上前に建てられた山浦さん宅の母屋。倉庫ができる前は2階部分に収穫した全部の藺草をいったん積み上げていた

でしかできんような藺草でした。塩をつくるために開発された塩田の跡でできとったんです、大半が。最初綿つくって、綿である程度、その塩分を切ったあとから藺草をつくった。そんときが一番良かったんですね。

私は最初は大牟田の海水浴場に行って、海水を汲んで来ました。田んぼにまいたりいろいろやってみて、結局は適度な量だと分かった。今は岩塩を肥料に混ぜています。

腐葉土は落ち葉を山の一〇〇〇メートル以上の所からもらってきています。国産の魚粕《ぎょかす》、大豆、綿実《わたみ》、菜種。それに生肉骨粉《なまにくこっぷん》の国産物《こくさんもん》だいね。いろいろ発酵させて。金がかかるのと、その手間暇が大変なんです。それができないからみんなやめていった。

発酵させて温度が上がる前に、混ぜないと焼けるんだ。家に隣接した倉庫でやったけん（写真3）、近所から臭いと言われたねえ。ほんに困りよる。四月の終わり、五月の初めには先刈りのあとの伸長に肥料が要るけん。三月ぐらいに追肥しやん（する）もんね。

有機を余計使うことによって、中のスポンジ量が多くなるために、その分、空気の出し入れも多くなるけん。それが結局は畳が気持ちいいだけじゃなし、ストレス解消にもなったり、免疫抵抗を上げたり、いろんなことが起きるとです。

なんで千年以上も藺草が敷物として使われてきたんだろうと考えたとき、そうした藺草を使った畳の機能に思い至ったんです。その機能を少しでも上げようと五十年取り組んできたとです。

（二〇一四年一月取材）

冬なのに熊本や福岡を電車で通って、緑の色が青味がかっている田植えの済んだばかりの田んぼを見かけたことがあった。何だろうと思ったらそれは藺草であった。藺草を真っすぐ育てるのに七寸枡のネットを掛けるとは、ずいぶん手間のかかる栽培法である。第4章第6節の本間駒吉さんがとても良い畳表だと山浦さんの連絡先を教えてくれた。山浦さんはネットだけでなく人一倍藺草に手をかけて育てていた。

8　湧き水と雪がつくる上質な障子紙——内山紙《うちやまがみ》　阿部《あべ》一義《かずよし》さん

昭和二十三（一九四八）年生まれ。長野県飯山市大字瑞穂にて阿部製紙を長男拓也さんと経営。伝統工芸士として昔ながらの手漉《す》きの内山紙を生産。内山紙協同組合理事長。

内山紙の変遷

内山紙は、内山（長野県木島平村）が発祥の地といわれています。内山の人が美濃のほうから覚えてきて、この辺りにいっせいに広めたっていう話なんです。紙漉きの産地は内山とここの瑞穂地区、向こうの戸狩温泉スキー場の太田、野沢温泉は温泉のほうでなくて山のほうにあって、それとあと、栄村ですね。

冬場のほんと、三カ月の副業ですから。まあ、昔のことで、どのぐらいの金になったか分かんないけど。明治の最盛期のころは一〇〇〇軒近くあったらしい。だんだん減って、昭和二十四年、北信和紙工業共同組合って組合ができたとき、約一〇〇軒。昭和五十一年に国の伝統的工芸品に指定されたときが四、五〇軒。

内山紙は昔から、障子紙と提灯紙、あと台帳用紙。一時期、官庁の戸籍の原簿にする、万年筆で書いても染みないという台帳用紙がかなり出たんですね。それも今は全部コンピューターになって、いっさいなくなっちゃいました。

紙漉きは儲からないと、産地の中で内山はきのこ栽培に移ってしまった。栄村もみんなやめてしまって一人もいません。今現在、組合には六軒。そのうち二人は兼業で。あとは八十歳近い人しかいない。生産量もほんのわずか。(手漉きは)もうじき終わる。

うちは分家だったから、手漉きは昭和三十年代におやじとおふくろが初代で始めた。私が紙漉きを始めたのは高校終わって、十九歳のとき。ほんとは、自動車の整備士になりたかった。おやじが、「車買ってやるから、うちにいれ」って。卒業したころなんて、車なんか言ってもなかなか買ってもらえない時代だからね。「じゃいいや、うちの仕事するか」って、笑い話で。私が入ったので、二年後に通年でできる機械漉き和紙をおやじが始めたんです。

原料の楮《こうぞ》ととろろ葵を栽培

原料の楮は、昔よりは栽培してないから、足りない部分は四国のほうから入れてます。うちも、畑は四反歩、一二〇〇坪やっているけれども、その年によって採れる量が、少なかったりしてなかなか十分とは言えない。

手間はそんなにはかからないです。横芽を掻いて、後処理をしたり。肥料はあんまりくれてやんないです。田んぼの土手のあぜとか、畑のくろになる（写真2）のが、畑のほうの栄養をみんなもらうんですよね。だから、何もしなくても、けっこういい太さになるんです。大きい畑のところにはちょっとくれなくちゃいけないんだけど。

写真1　作業所にて、阿部一義さん

写真2　畑のくろに育つ楮

葉っぱが黄色くなって落ちてくる十一月に枝を刈ります。雪が降る前に皮を軒に干すまで処理しちゃう。株木も二十年以上たってるし、桑の木よりちょっと弱いですから、翌年芽が出ないで終えてしまうときもあります。

漉き舟に入れるとろろ葵は毎年種を採って植える。アオイ科の植物で、花は、月見草やオクラの花と一緒、黄色い。採集は十一月ごろ。採るのは根です。漉くときに根の汁を入れます。入れると、水の中の楮の繊維が均一になるし、漉いた紙をそのまま重ねて圧縮してもくっつかない。水だけだとくっついて剥がれなくなるんです。

紙漉きっていうのは、手取り足取り教えてくるもんじゃない。見て覚える。どこの産地行ってもそうだと思うんです。やっぱり先輩職人を見て、自分で自分なりの漉き方を身に付けないと。一年や二年じゃまともな紙にならない。最初は、下働きで十一月の楮の皮剝ぎから、雪晒《ざら》し（皮を漂白）、煮熟（皮を煮る）、繊維の打解と、漉くまでには段階踏まなくちゃ。一年中やっているんなら早いだろうけど、なにしろ冬場だけだから一通り覚えるのに、そうだな五年かかるかな。紙漉き始めれば始めたで、それなりの紙が漉けるようになるには、それからまた五年か。

寒中に良い和紙を漉く

雪晒しする場合は、一晩冷たい水の中に漬けて表面の黒いところを取った皮を田んぼのところの雪の上に並べる（写真3）。天気良くても、完全にきれいになるには一週間ぐらいかかる。雪が降ると、棒を立てて楮を一箇所にまとめて山にしておく。あっという間に雪で埋まっちゃうから。天気の、雪の降ったとかで、一月の終わりごろから二月ころだな。そのときの原料の具合でね、三月になる場合もある。

並べておいて、上から雪を掛けて。で、太陽の光線当たって溶ける。溶けるときに、紫外線でオゾンができて漂白が掛かる。またそこに雪を掛けて。真っ白でないんですよね。こんげな色になる。生《き》成《なり》の色。今はそれをさらし粉なんかでさらに白くします。「生成がいい」って言う人がいないんですよ。生成のほうが障子に貼っていて白くなってくるんだけどね。

この辺の手漉きの紙は見れば誰が漉いたか分かります。みんな個性があるから、それぞれ。ぱりんぱりんと張るような紙漉く人も、やらかい人もいる。どうなんだろ。みんな使っている原料は一緒なんだもんね。桁《けた》を横に振る回数とか、ま、いろいろあると思う（写真4）。

昔から出来上がった紙が一番いいのは二月の寒漉きといってね、寒いときに漉いた紙は、紙の張りの音が違うんです。

うちのほうの村の中には、お宮から清水が湧き出ている。関沢神社。その水を使って。やっぱり流れたのを入れたんじゃだめです。冬になると山から出た水があったかいんですよ。どこに行っても紙漉きのところはきれいな水がある。木島平村の内山も、龍興寺清水がありました。あのきれいな水が

写真３　楮の中皮を雪の上に並べて雪晒し。上から薄く雪を掛ける阿部さん（阿部製紙提供）

写真４　漉き舟で障子紙を漉く長男拓也さん。縦横の強度や漉き初めの紙と終わりの紙の繊維の密度を同じにするのが技である（阿部製紙提供）

あったからこそ内山紙ができた。

（二〇一三年十月、二〇一四年二月取材）

阿部さんたちの協力で飯山市など内山紙の産地の小学校で紙漉きが授業に取り入れられている。また阿部さんは地元の小学校の児童が卒業証書を自分で漉く指導も行なっている。長男の拓也さんは紙漉きを継いでおり、手漉き内山紙の伝統は守られることであろう。

第3章

伝統工法の家に住む

伝統工法の家に住む

百年二百年経た家に住んでいる方を、歴史ある立派な家で生活ができるなんてうらやましいと思うと同時に、そういう家を維持するのは経費もかかりさぞ大変だろうと同情してしまう。

この章では伝統建築の家に住んでいる方々からお聞きした、維持するうえでの苦労話や、建物を長もちさせるための努力、工夫、逆に昔の家に住む誇り、楽しさ、また有利な点などを紹介したい。

1 茅屋根を自分で補修――農業 坂口《さかぐち》 純一《じゅんいち》さん（仮名）

昭和十四（一九三九）年生まれ。新潟県十日町市松之山で農業を営む。家は明治十一（一八七八）年に建築。全面的な葺き替えをせずに維持されてきたという。自ら差し茅をして家を守ってきた。

茅の貸し借り

昔はみんなそれぞれのうちでね、屋根専門の茅の畑を持っていた。「今年は俺がやりたい」と言うと、みんなが刈り取って、保存してたやつを、俺が「縄」で借りるわけ。「縄」ってのは、縄で縛った茅の束のこと。六尺の縄で茅を丸めてギュッと縛って。その一締めを、「縄」っていうの。

茅帳面っていうのはどこのうちでも持ってた。戦後は、もちろんあった。そうだなあ、四十年ぐらい前になくなったかなあ。茅でうちをつくっている人がだんだん減ってきて、それであいうやりとりがなくなってきたわけだな。たしか四十年ぐれい前に、俺は、みんな精算したんだ。借りたところに、だいたいそのときの相場で、金で返したわけ。だって、茅返すたってもらったほうが困る。それで、貸し借りは、棒引きしてもらって全部引いた。あとからはもうそういうのはなくなった。茅帳な

写真１　冬の坂口家。この年は雪が少なかったという

んでもう捨てた。

　ここは、家が二四軒あった。そのうちの一七、八軒は茅で、あとは、木端《こば》屋根（小さな板で葺いた屋根）かな。それで、今は九軒、実際住んでいるのは八軒。茅は俺んところだけ（写真１）。最近に建てた人は、トタン屋根が多いです。

　ぐしは、今はトタンだけど昔はみんな杉の皮やったんだ。どこかで杉の木伐ったなんて聞くと、近くだったらみんな行って、枝から幹から全部その場で皮剥げちゃった。今は枝のえの字もない。大体業者が、木は金もらわなきゃ持って行かないでしょ。この辺の木はほとんど金になんない。よっぽど手入れしてなきゃ。そうでなきゃもうとーんとでかい木か。九尺、一丈もある柱になる木はいくらもどこらでもあるわけじゃない。そうね、この辺だって一丈もある木を持っているのは一軒しかねえだろうな。あとはちょっと離れたところに一軒。一丈何尺もあるなんて、国宝になる。そうじゃなきゃ県の指定とか。そうなったら簡単に伐る許可もらえない、そうなる前に伐ってしまう。そういう頭のいい人もいた。

茅屋根の下は木。それはあなた、金のないうちとあるうちでは違う。立派な金のあるうちはね、竹。金ないうちはそこら辺の木。ま、適当な木を。はあ、曲がってるし、枝の切り目を落とした跡があるし。それと、この辺の木は、雪でとても、真っすぐのなんかねえ。みんな、ぐわーっとなって折れちゃう。真っすぐのなんかどこ探したって、ねえ。うちは竹なんか一本も使ってない。

茅の栽培

今もう、人間も通る道もないところまで、昔は田んぼあったんだから。この山を越えて、ずーっと、行けば、今は車で行けねえだろうけど、昔はあっこら辺までみーんな、それこさ、畳二枚もあれば、立派な田んぼでやってたんだから。山の山ぶどうも、人が勝手に採り行けば大変だよ。それはうちんだっていって、どなられて。

あー、今はとてもじゃないけど、田に手をかけて、草刈るようになんて言ったら、日当と消耗品みんなもらったって誰も出ねえ。そこ行くまでに何日もかかる。いや、だから、別に減反政策じゃなくて、自然に田んぼはやらなくなる。

茅の畑までどのくらいあるかなあ。道は曲がっているから、一キロぐらいあるか。昔はみんな橇《そり》が主《しゅ》だったから。春の雪のあるうちに橇に載せて引っ張って来た。ここ、何メーター降ると思ってんだ。だから、どんな雪だって、積もれば空しか見えない。

ほんとにね、二月の末ごろ、ここへ一回来てみなさいよ。そうしゃ、どういう状態か分かる。ああ木材だって、みんな橇でやったんだし。今はね、重機、ブルドーザで引っ張って。

そうそう、雪が降る前に茅を刈って積んでおくだけ。縄で縛ってそこを囲って、何にも掛けない。三月の末になって、雪は降りやむから、その縄をみんなばらして、橇に載せて、使うところまで持って行く。

で、茅っていうのは、一度青いうちに刈ってしまうと、もうそこの茅は五、六年は使いもんにならねえ。というのは、そこだ生える茅は茎が伸びても葉っぱがいっぱい付いて、先のほうへいって節が詰まってくる、太くなってしまう。太いのは良くない、長もちしない。薄《すすき》の穂が長く出てないと駄目。

刈る時期がきたら自分で使おうが使わなかろうが、関係ない、とにかくみんな刈ってしまう。そしてそこに置かない。刈って、要らないからってそこに置いたら地が肥えちゃって、その次の茅は駄目になる。あんまり、肥料を入れちゃ駄目なんだ。また一回刈るのをやめたら、そこの茅はもう何年も駄目だ。それが茅の栽培の一番大事なところ。

それとね、今、茅の熟す時期っていうのがもう遅くなっちゃった。温暖化と関係あるだろう。昔みたいに氷張らねえんだから。昔は、みんな氷が張ってさ、それが何回かあって初めて雪積もるんだけど、今はいきなり雪だから。昔はみんな、田んぼに氷があったった。昔はみんな水ためてたでしょ、ね。湿田だ。水が大事大事であって。それで、表面にみんなこう、スケート場はできないけど、その上を渡って歩けた。ところが、今はそんな状態には絶対にならない。もういきなり雪だから。

そうすると、茅がなかなか熟さない。寒くならないと茎が硬くなってくんねえんだ。夜、うんと寒くなって、日中あったかくなって、ま、作物はみんなそうなんだろうけどね。それを何回か繰り返さねえと茅は熟してくれない。だから、刈る時期がなかなか狭《せば》まっちゃってね。二日か三日ですべて刈り込んでしまわなきゃ駄目だて。できるだけそうしようと思うけど、手が回らん。雪が早く降っちゃうと、刈れないから。もう枯れてしまう、折れちゃう。ただ、ぽきっと折れるんならいいけど、みんな裂けちゃう。裂けたところは、屋根に使ったら水がたまる。いい茅はなかなかもう集められない。

茅は時代に逆行しる。昔のようないい茅をやれば三十年はもつ。ところが今の間に合わせに何でもいい、茅であればいいというのでは十年ももたない。色で分かる。茅の茎を見れば分かる。いい茅は茎が赤くなっている。赤いのは長もちするし、青いのはすぐ腐る。

だから青い茅は職人がもう嫌うさ。みんな職人ていうのは職人根性で、そういうもんでしょ。俺のやった仕事がいわゆる人より五年なり三年なり長もちして鼻高くなる。

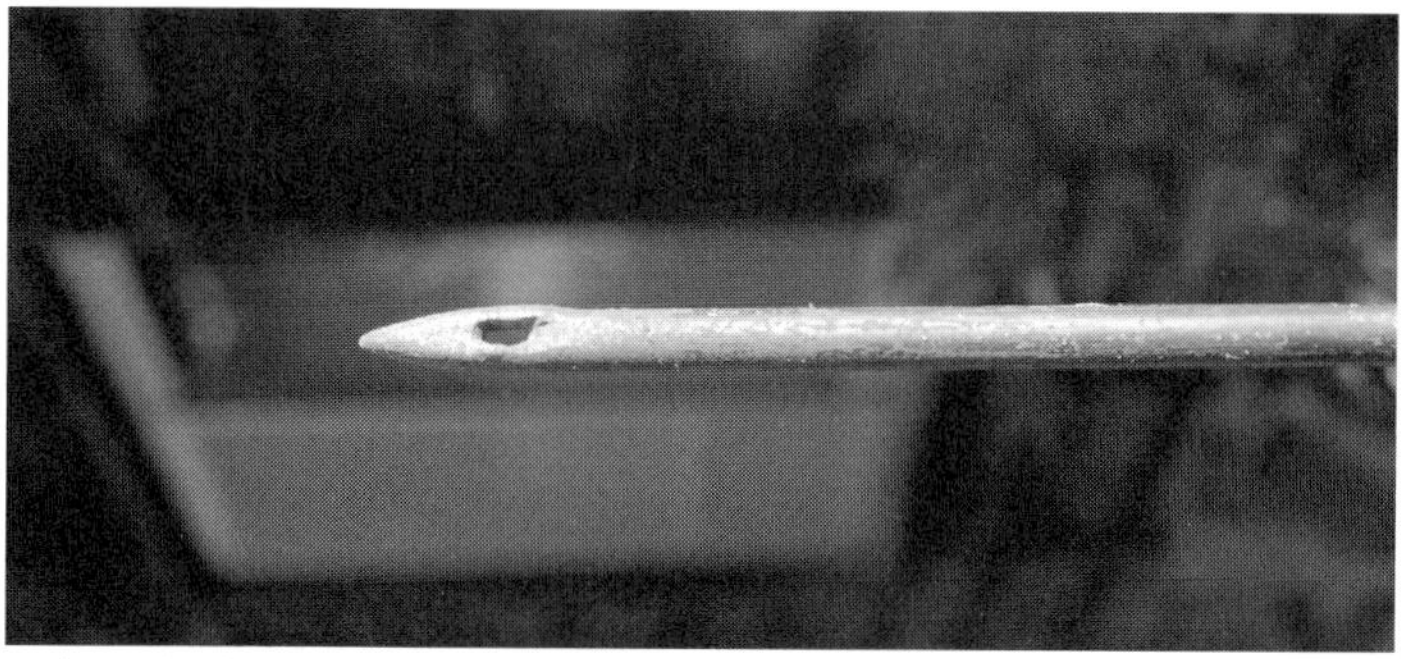
写真２　縄差しの先。穴に縄を通す

茅屋根の修理

茅葺きの職人も、いたのはいた。商売つったって、時期的に一カ月足らずの仕事だから。農作業始まりゃ、そんなのやってられない。四月に入って、春先の一カ月でしかない。費用は職人が一人来るか、二人来るかによってえらい違いだね。職人のグループもあった。三から五部落に一人ぐらいはいたんだ。職人はみんな大工でも木挽きでもみんな一緒、親方から子方が習う。（技術は）子方に渡して、子方は親方になっていった。

忙しいとき、でかいのを葺き替えするときには職人は二人とか三人とかでやった。小さいところは一人でいいし、その代わり、うちの人はみんな手伝う。俺は一人でやる。

上から中に針（写真２）を刺し入れて、中で針に縄を通して突き返したら、また屋根に上がって引っ張って、そこで新しい茅の束を結ぶ。で、違うほうから針刺したのに、針の穴に縄通して突き戻すと。要するに、屋根の中をいろいろな木で囲ってあるんだから縄を針に通して編み込みして、その木にぐるっと縄を引っ掛ける。槌で叩いたり足で踏んづけたりして、締めて、また縄で結《ゆ》わいて、継ぎ重ねして。

力がかかるところはどうしようもねえんで縄でなく針金。針金のほうが通りがいいし簡単だから。茅をずっと重ねていって、針を通して、針金でやった場合には茅の締まりがいいです。テープやなんかだとやっぱりどうしても結ぶときに緩むでしょ。結わくときに針金ならすぐぎゅっとねじればそれで緩まない。ところが、紐やなんかだと、結ぶときにやっぱりちょっとずつ緩む。まあ、それは緩まないような結び方もあるんだけど、締めたところの厚みが出るからこぶが大きくなる。

こぶのところだけちょうど茅がおんなじ厚みになるように薄くしないと。今、縄使う人なんかいないでしょ。昔は手で縄をなった。今はテープを使うんだけど、テープは何ていうんだろう、寿命がないんだ。粉になっちゃう。

ちょうど針の来たところへ、縄を掛ける木がなければ、その辺の、棒切れを持ってって、ちゃんと中に当てがって、それに横に、縄を通して上でしぼって結わく。そうして押さえていく。

時間がたつと茅が、早くいやあ腐るわけ。腐ると沈む。それと、茅が抜けたりしてやせてくる。やせてくると、(屋根の傾きに対して)斜めに当てたのが水平になる。そうなると水はけが悪くなるから、だんだん、だんだん水が中へ入ってくるようになる。だからところどころ、前のように茅を直すために、差し茅をする。

毎朝、露は降りるから、もう、は、しょうがねえ。南側は、日当たりがいいから乾くのでもつけど、北向きは、傷みは早い。

冬は凍るからね。溶けたやつはまた凍って、茅の表面に凍り付いちゃう。それが雪の重みで茅と一緒に抜けるから、小まめに雪降ろしして回れば、重みを軽くしてやれば、抜けないっていうか、まあ、ある程度は茅が抜けずに雪だけですべるわ。

囲炉裏の煙は、要するに、上の茅を乾燥させるということもある。それからいろいろ縛ったのは、昔は手でなった藁《わら》縄でしょ。それは、煙でもうかちかちになるわけだ。だから、もつ。手入れなんて要らない。触ったってコンクリ触っているような。鉈《なた》か何かでばんとやらなきゃ切れない。

この部落では、うちは囲炉裏を一番遅くまでやってたな。炭は自分でつくったり。いやいや、いやいやそんな専門的なんでなく簡易な。薪に、もみ殻を掛けて、土掛けて、下で火を付ければできる。それと材料もでたらめだけん。そこら辺の、まあ、使いもんにならない、半分腐ったような木をもったいないから、なるだけ使ってつくる。その代わり火もちはしないし、火力は弱いし。

それから豆炭ができて、うちも行火《あんか》になった。だって、どの集落、どこのうちだってみんな昔は、炭だったんだから。

（二〇一二年九月、二〇一六年二月取材）

新潟県兎口温泉の植木屋旅館で、近くに自分で茅屋根の修理をする人がいると聞いた。日を改めて訪問した。名前も顔写真も公表しないという約束で話をうかがった。どこの家も茅屋根だったころの、茅の貸し借りなど興味深い話ばかりであった。

その方を教えてくれた植木屋旅館が二〇一七年十一月で廃業した。明治三十九年の創業で昔ながらの素朴な温泉の宿だったのに、残念である。

2　榧《かや》の柱を生蝋《きろう》で毎年磨く――民宿　修行《しゅぎょう》貞《ただし》さん

昭和九（一九三四）年～平成二十七（二〇一五）年。長崎県対馬市上対馬町西泊にて農林漁業に従事してきた。離れなどを生かし昭和五十六年に妻律子さんと上対馬町内で一番目となる民宿西泊を始める。

先祖は四国から

うちの先祖修行十郎左右衛門は明徳元（一三九〇）年に対馬に来たんです。虫が喰ってぼろぼろになった古文書があったんですよ。それを町が修理して一冊の本にしてくれたの。それに書いてある。もともと四国の出で、長宗我部《ちょうそかべ》の時代、まだ山内一豊前ですからね。兄は地元に仕官し、自分は西国に志を立てて船出した。逆風《ぎゃくふう》におうて、佐護（対馬の上県《かみあがた》町）に上陸した。対馬の殿様が雇えと言ったんでしょう。それから修行家はずっと殿様の宗家に仕えてる。

十五代の晴康公ちゅう殿様のときにね。側室じゃろうと思うが、御室って過去帳には書いてあるけど、修行家から出したらしい。そういうことがあって、十五代の宗家の対馬の殿様は、宗家菩提寺の厳原《いずはら》の万松院にはなくて、ここ上対馬の西泊の西福寺に祀《まつ》ってあるんです。

農業も漁業も林業も

私の育ったところは富浦《とみがうら》ちゅうて、ここから七、八キロある。私は婿養子やから。我々が子供んときは、まだ古い習慣が残っていて歯を真っ黒に染めたおばちゃんたちがいましたよ。このおばちゃんたちはきれいな白い歯がいいのになんで歯を黒く染めたりしたんだと思ったね。

蚕を飼って、麻や綿もつくっていた。紺屋《こうや》（藍染め屋）があったや。

小学校五年ごろからでしょうね、親が野良仕事に行っちょると学校から帰ったら、水汲みの手伝いがあるんです。やっぱり浅くては水が溜まらんかったんですね。深い井戸でした。天秤棒を担いで井戸のところに来て、つるべをこう振って水を汲んだ。一斗入ってる桶を前と後ろに担いで。それを一荷《か》ちゅうたね。担いだらもうひょろひょろする。その当時五右衛門風呂ですから、それを少なくとも二回水を運び入れな、胸までにならない。

六人兄弟で私は二男だった。で、おやじが戦死した。三十七歳じゃった。おふくろは六人も子供がおって三十三歳でした。しかしおふくろもようやった。やっぱ百姓やっとったから生活できた。食べ物は自分で採るからね。

修行家にきたら田が七反、畑が一町二、三反あった。一町は一ヘクタールで十反。一反が三〇〇坪ですから、大変でしたよ。牛と馬使って。しかしこれをやらにゃいけんしね。戦後は良かったですよ。

人が多かったんです。日本もまだ貧しかったんでしょう。田植えするときも、声かけたらもう、すぐに集まってくれた。一緒にやるという格好で、昭和三十年代、四十年ぐらいまでやったかなあ。

対馬は西側が風が強いけども、ここは西泊といって西の風が強いときに避難する安全なところなんです（写真2）。磯場はこの集落の、地主ちゅうか、もともとここに住んで百姓をやっていた人の権利

写真1　修行貞さんと妻の律子さん

写真2　修行家の前に広がる西泊の港

やった。若布切ったり、海藻、海苔とかなんかも採ったり、さざえも採ったり。よそから来たり分家したような人には漁業権がなかった。終戦になって、農業も小作が廃止、漁業権も解放になった。今でも小さな船がありますが、漁業ちゅうても、そんな磯場の仕事をしてました。

林業もやりました。対馬は『魏志倭人伝《ぎしわじんでん》』にも書いてあるように山ばっかりでね。おやじと杉、檜の苗を植林しました。そのときのが今大きくなっています。

明治の新築も平成の改築も榧の木を使う

この家は百四十年前、明治初年のころに造った家です。何代か前の当主の叔父さんが大工で、分家するのにこの家を建てて独立したと、じいさんから聞きました。建てたとき二十五歳ぐらいだって言ってたけど、もう十六歳のときからずうっと、職人もおったに、朝早うから木挽きをしたり、自分でこの材料を揃えていた。昔の人はよう働いた。山に欅はいっぱいあるけど榧を使った（写真3）。榧は虫が喰わないから。松の柱みたいに古くなると虫が喰って、ずっと穴が開くなんてことがない。対馬では家を建てるくらい榧が自然に生えていたんでしょう。東北地方では榧はあまり生えてないみたいですね。

座敷は板の間っちゅうか、畳の下に松の幅の広い板が敷いてある。梅雨が明けたら畳を全部はぐっていっぺん干して、横に立てて納戸に直して（仕舞って）ね。今度秋口なってきたらまた畳を押し込む。

写真3　修行家の内部。ベンガラを塗り磨き込んだ榧の柱や梁、鴨居そして新しく松の材を使った天井

写真4　明治初年建築の修行家の母屋。玄関部分は平成に改築

それを繰り返しやりおった。

夏は板敷きは、涼しいんです。裸で板敷きに寝転んだら気持ちいい。畳を干して、上げたり、敷いたりしている家がなくなったもんね。もう八十歳になって、畳やれったたってねえ。もう無理です。一人で担ぎきらんもん。

十年くらい前に六年かけて改築しました（写真4）。新築のときはもう昔のことやから、瓦屋が近くにあるわけじゃないし、合わん瓦が葺いてあって雨もりしていたので、屋根を石州瓦に葺き替えて、傷んでいた天井の板や桟を松で新しくしました。玄関は間に合わせみたいな格好で貧弱やったし、位置をずらして座敷と同じように榧の木を柱などに使《つこ》うて造りました。ちょうど隠居所の後ろに大きい榧があった。手をこうしても回らんくらい大きかった。乾かすのは、半年ぐらい乾かしたかね。昔は、こんな家やるときは大分乾かしたでしょう。榧は製材した木を、担いだら、かゆくてかゆくて。なんか殺菌するような成分があるね。

榧は軟らかくて傷が付きやすい。新宅のときはこう、嫁さんが爪立てて柱に触ったら怒られよったて聞きます。ばあさんから「ふきんを持って、こうやらんにゃ」って言われたのに「まだ素手でやるよ」って、怒られた。

柱は、新築のときはベンガラを塗って、生蝋（木蝋《もくろう》）をずうーっと磨きこむ。そのあと毎年、最初は濡れ雑巾を絞って拭いて、それから、今度は乾拭して、生蝋を塗ってやりおる。我々若いときは、それをやらされた。対馬ではこんな家はどこでも同じことをしています。百何十年もやってピカピカ光っておる。私はここ十年ぐらいやらんです。若い衆がここにいないから。もうみんな、出てしもうたからね。

私の子供は男ばっかり三人だったから、柱も傷ばっかり付けて。もう子供たちも結婚して孫が八人おります。一番小さいのが、今年大学受験。盆にはね、みんな来ます。福岡にいる長男が定年になるので今から帰って来て継ぐ言うてます。

（二〇一三年六月取材）

たまたま宿泊した民宿のご主人修行さんと話をして、関東にはない建築材や家の維持の仕方を知り、取材をさせてもらった。女性が十七歳のときにお歯黒をするかねつけという祝い事があるが、対馬には実際に経験したことのある方々がいて、お会いすることができた。観光名所や街は韓国からの観光客であふれ、ハングル文字の看板も方々にあって、表面的には対馬は生活に伝統文化が残っているようには見えなかった。しかし住んでいる人の生活をちょっと詳しく知ると、対馬は民俗学の宝庫であると感じた。

修行さんは亡くなられ、長男の健さんが民宿を継いだ。海寄りに新館を建て、古民家の母屋は旧館として維持されている。

3 世界遺産の五箇山に住む――民宿 中田博美《なかだひろみ》さん

昭和三十二（一九五七）年生まれ。京都府出身。岐阜県の白川郷とともに世界文化遺産に登録された富山県南栃市相倉《あいのくら》で夫章友さんの経営する民宿「五ヨ門《ごよもん》」を切り盛りする。三女をもうけ、忙しいときは長女に手伝ってもらうこともある。

相倉に残っている合掌造りは二三軒

学生のとき、友達と三人で白川郷へ旅行する予定でした。友達の友達に、「五箇山にいいところがあるよ」って言われて相倉に来たんです。昭和五十四年の冬でした。冬ね、全然お客さんないんです。そしたら、もう宿の家族と一緒に遊ぶ、トランプしたり。で、主人も若いから、近所の若い人も来る。面白かった。「また夏も来よう」って、同じ友達と来ました。それでお嫁に来たのが昭和五十六年です。

五箇山中が、ほんとに合掌造りばっかりだったそうです。時代の流れで、戦後、家を捨てて都会にみんな出て行ったんです。それで、残っている人は屋根をどんどん替えていくし。でも、たまたま相倉って、この地域だけ、合掌造りがたくさん残ってたんですって。それで、「このまま放っておいて

写真１　雪囲いをした五ョ門の前で、中田博美さん

はいけない」と、史跡にして保存しようという活動があって、ここと菅沼が昭和四十五年に国の史跡に指定された。そこからは、合掌の屋根を下ろすのをストップしたわけです。相倉には合掌造りは二三軒残っています。

合掌造りの屋根は角度が急ですけど雪は自然には落ちません。雪下ろしはします。危ないです。とても怖いです。けど、主人たちは慣れてるね。こしきっていう板で、上は叩いて落とす。側面も上からパシンと叩いて、ペランとはがれるみたいな。すくって落とすんじゃないです。

農家っていっても、そんなに農作物ができるわけじゃないし、昔はここでつくった炭とか、紙漉《す》きとか、あと、お蚕さん飼っていたから、そのお蚕の糸とかを町まで持って行って、お米とか必要なものと交換してってていう生活だったようです。

ここは田んぼがなかったみたい。うちでもおじいちゃんが戦争から帰って来てから田んぼを始めた。炭焼きもしてたし。蚕も、昔はやってた。主人が子供のころまで記憶はあるって言うから、昭和三十年代までしてたんじゃないですかね。自分の桑の畑があったの。今は、野菜畑とか田んぼに変わってる。冬はそういう仕事が全然ないから、お役所とか交番とか郵便局とかに勤めてない人はいろんなところに出稼ぎに行ったり。

史跡になる少し前に区長さんが民宿を試験的に始め、史跡になるときに五ヨ門（写真2）はじめ一三軒が民宿を始めたそうです。

屋根の葺き替えは二十年に一回

私が来たときは主人はサラリーマンで、民宿をおじいちゃんとおばあちゃんがしてたかな。農業もして（写真3）、おじいちゃんはたまに土木会社にアルバイト的に働いていていました。

茅の屋根の葺き替えは、二十年に一回だけどほとんど片側ずつなので、私が嫁に来てから三回ありました。最初は互いに協力して、屋根を葺くという結《ゆい》でした。今みたいなクレーンもないし、一束、一束やっぱり上げんならんし。そのときは、屋根の四分の一ということもあって、わーっと一日でやってしまいました（写真4）。夜終わったあと、仕事してくれた近所のおじいちゃんやらおばあちゃんたちみんなを接待します。お祭の準備と同じような大変さがありました。最近では葺くのは森林組合で、

写真２　民宿五ョ門。約 200 年前の建築。側面は板壁と建具からなる

写真３　刈った茅を運ぶ義父の中田文蔵さん。「斜面が急で、踏ん張って茅を刈るのが大変だった」と言う。茅は薄《すすき》ではなく小茅と呼ばれる刈安。1980 年ころ（五ョ門提供）

写真4　結で屋根の茅を葺き替え。茅の下の葭《よし》の簀《す》も取り替える。1980年ころ（五ヨ門提供）

写真5　1980年ころの報恩講さまの宴席。民宿を始めたとき、お母さんたちが相談して「こういうものを出さまいか」とこの料理を基本として食事を出すことになった（五ヨ門提供）

人数が少ないから仕事は一週間かかりました。

まだ茅場はうちの土地ですけど、刈って、束にして、保存してを全部森林組合にまかせてる。刈ってシュッシュッて、適当に葉っぱを取って、何日か干して、それで縛って持って来て倉庫に入れるんです。毎年うちが葺くわけじゃないから相倉史跡保存顕彰会が、茅を全部買い上げてくれて、それを森林組合が葺く。国とか県とか市とかから補助してもらって屋根を葺くんです。今でも自分で茅を刈っておられるお宅はありますよ。その方たちは自分で刈った茅を、やっぱり顕彰会に買ってもらうんです。

相倉は、総普請《そうぶしん》っていうのがあります。お寺や神社の雪囲いを四月に外す。それで、五月連休あたりに溝さらいみたいなのがあって、草が生える六、七月ころね、草刈りがあって、それが済んだらまた、今度は雪囲いをせんならんでしょ。年に四回はしていますね。

大変なのは障子の貼り替え。毎年四月のお祭が二十日で、それまでに貼り替えるんですけど、半端な量じゃない。一階だけでも一四枚、二階にもう一二枚ほど貼り替えんのがあります。障子紙はもちろん五箇山和紙です。おばあちゃんがいるころは、「祭は真っ白いのでしてなきゃ」みたいな感じでした。どこかがやり始めると、みんな競争のようにし始めるんです。

ここは煤《すす》掃きっていうのをするんです。長い竹の棒に熊笹の葉っぱを付けて、まあ、巨大なはたきです。囲炉裏のある部屋は、ぽろぽろ、ぽろぽろと黒い煤が落ちるので大変汚いです。うちは今は春

写真6　世界遺産に認定された直後1995年の相倉

祭前ぐらいかな。多いお宅は、そのほかに報恩講《ほんこ》さま前と、お正月前の年末とか、年に三回してます。報恩講さまは秋に一年を感謝してお寺さんや親戚の呼び合いでする精進のお参りごとです（写真5）。

世界遺産でも普通の生活をする

世界遺産になったのが平成七（一九九五）年で（写真6）、平成十年ごろに景観として、いろんな線が見えていたら駄目って、電気とか電話とか下水なんかと一緒に全部地下埋設になるというので、みんないっせいに改築しましたね。うちは民宿し始めた昭和四十四年にお客さんの部屋を改築してますから、それ以来初めて大々的に直したって感じでした。水洗トイレにして、けっこう年月たってたので、台所も直して、お風呂も薪で炊いてましたけど灯油のボイラーにしました。相倉では役所に二回も図面を出していろいろ文句も言われたらしいけど、「これから生活していく者のことのほうが大事だ」って、強く押したみたいです。

うちはね、商売柄こういうのにしておかなければならないというのがあるので、客室は昔ながらにしています。ここで暮らしている長女のお婿さんも昔の物は大事だと思っているみたいです。結局まあ、商売さしてもらって、おかげさまで生活しているから世界遺産になって良かったなって感じです。

（二〇一三年三・四月取材）

最初に五箇山相倉の五ヨ門に行ったのは一九九五年、「白川郷・五箇山の合掌造り集落」の世界遺産認定が発表された二週間後の吹雪の夜だった。博美さんがバス停まで車で迎えに来てくれた。義父の文蔵さんはまだ健在で、客が着く時間に合わせて囲炉裏で川魚を焼いていた。客も一家と一緒に囲炉裏を囲んでの団欒であった。相倉は、素朴な集落という印象を持った。

それから二十年たち、相倉はすっかり観光客でいっぱいになりコンクリート部分が目に付く集落に変わっていた。でも五ヨ門には後継ぎができて良かったと思う。

4　原発事故を機に長屋門で暮らす──木工　早田《はやた》　修《おさむ》さん

昭和二十二（一九四七）年生まれ。製造業に勤務した後、山梨県市川三郷町でよろず工芸舎を営む。築百年以上の民家の管理を引き受けながら長屋門を事務所・工房・住まいに改修して快適に暮らしている。

木の家とは何かを学ぶ

会社という大きな組織で仕事をしてきました。開発の仕事をやっているときは楽しかったんですが、危機管理の仕事に替わってからものすごくストレスが高くなった。これはもう還暦でやめて、まったく違う生活をしようと思った。スキーの友達にアーリーリタイアメント（若年隠居）した人たちがいて、アドバイスしてくれましてね。あまり悩まないで一回間口を全部ばあっと広げていろいろやってみたらいいと。そのうちうまくいかないものは淘汰され自然に収束するからと言ってくれた。

木工が好きで中学くらいからいろいろとつくっていました。大学のときはいちおう木材加工の論文を書いたんですよ。木を切るというのは理論化するのがとても難しくて。湿度が一パーセント変わるだけで切れ方が全然違っちゃう。一つの式に載っからない。複雑すぎてデータが取れないんですよ。

テレビ局から高速度カメラを借りて木の先割れの三十分くらいの映画をつくって、自分で勝手に先割れ何型って名前を付けて六種類の破壊の仕方があると論文にしました。

今使っているテーブルはずいぶん前に一人暮らしの母のためにつくったものです。実家の便所も自分で改装しました。それを聞いた中学の同級生に頼まれて生家の便所を直したことがあります。水道が破裂したか何かで何日も水がジャアジャア噴いて、土壁が溶けてクシャクシャになっていた。これを剥がして杉の板を貼ってみたら、まあまあきれいにできた。

まだ会社に在職中の週末に、職業訓練所の大工さんの学校へ一年間通ってみました。加工ももちろん少しはやるんですが、木の家というのは何たるかというのを講義してくれた。見学会といえば杉の伐採するところからです。材木になるまでとなったあとと、それから使い方。釘を打っちゃいけないとかね。

国産材は外材にやられちゃっているから、森を大事にしながら日本の杉なり檜なりをきちんと世に出していきたいって、天竜川の杉の有名な産地のテンダス（天竜材を世に出す会）っていう組織の方がボランティアで先生をやっています。伐採から乾燥から製材から、日本の古い流通は経路が長すぎるものだから、価格が高くなって国産材って今では商売にならない。生産者から消費者まで何とかしてもう少し短くしようじゃないかって、彼らが今一生懸命やって取り組んでいます。私が使う無垢材はそのテンダスから買って来るんです。

家具の製作はディスクリートチェア（静岡県袋井市）の森下真さんに弟子入りして習ってきました。私より若い方ですが無垢の木材は「家具になっても生きて動いている。それを考えてつくらなくちゃいけない」とおっしゃる。山梨に来てから通えないのがちょっと残念ですね。

田舎暮らしを始める

この家は江戸時代は庄屋でした。この辺の人は「大家《おおや》」って呼んでいます。私が便所を直した同級生の生家です。江戸の建築という説もありますが、明治に大火があったので母屋や長屋門はそれ以降かもしれません。三十年前にお父さんがずいぶん直しています。母屋の茅葺き屋根にトタンを掛け、台所・便所・風呂場を現代的に変え、米蔵は残しましたが、蔵と味噌蔵、離れなどを壊しています。この長屋門も骨組みの柱だけになった工事中の写真を見たことがあります。

同級生の弟さんが一時この家に住んでいたことがあったんですが、亡くなって無人になり放置されていました。「荒れちゃっているから手伝ってくれないか」と頼まれて、草刈りに来たことがあります。長屋門は昔は使用人の住まいで、戦後は家族が四人住んでいたことがあり、台所もあったといいます。ふっとここに住んでもいいなと思いました。

自然はいいんだけど、冬はつらいだろう。寂しくて耐えられないかもしれない。どうしようかな、来ようかな、とずっと迷っていた。二〇一一年三月にドンと原発の爆発があって、吹っ切れた。「あ、

写真１　旧庄屋の母屋と早田さんの住む長屋門

都会から離れよう」って。ものすごい薄氷のようなインフラの上に何千万もの人が乗っている。流通も今は在庫を持たない。コンビニからさっと品物がなくなって、すごかった。高層ビルのマンションは、電気が切れた瞬間に窓も開けられないし、トイレも使えず、エレベータで脱出できない。やっぱり何かがおかしい。

爆発したっていうときに、僕はアメリカからずっと情報を取っていたもんだから、東京は北東の風が吹いたら危ないと知って、ガソリンを満タンにしていつでもここに逃げられるようにした。まず一〇〇キロ逃げようと思っていたんです。

それで長屋門を借りることにしました（写真１）。窓を二重にして、自分でつくった家具を入れて、流しやシャワーの周りは自作です。暖房は環境負荷ゼロの薪ストーブ。私物はかなり断舎利っていうかミ

写真2　近代的に改修された自室で、早田修さん

写真3　早田さんが杉材を貼って改修した便所。手前の白い扉は男性用の扉であり奥を使用するときは奥の扉にもなる

ニマムにしました。一人で暮らすんだったらここに入るだけあれば十分（写真2）。背広なんかもいっぱいあったんだけど、今は喪服と三着くらい。ネクタイは黒いのが一本。

僕は停電してもあまり困らない。明るくなったら起きて、暗くなったら酒飲んで寝ればいい。あまり電気を使わない生活、できるだけ人に迷惑をかけないで自己完結する生き方が、今はいいのかなという気がする。あまり分業で、効率、効率ってやっちゃうのはどうかな。便利という言葉は危ない言葉だと最近思うようになりました。

時給一〇〇〇円で庭の草取りとかしたら家賃や光熱費はすぐ払えちゃう。非常に心地いい。

住んでみると実際には想像していたのとは反対で、冬は暖かい。ここは晴天率が高いんです。山梨県っていうのは盆地になっているから多分雨雲がどっちから来ても山にぶつかって雨が降るんでしょうね。ここから北全部曇っていても甲府盆地のところだけはボコって穴が開いているように晴れているときがあります。

地元にとけ込み無垢の木で昔の家を修理

会社にいるときはとにかく組織上でいっぱいの人と付合があった。世界中に工場がいっぱいあって、僕はそこの品質管理に関わっていましたから。もちろん竹馬の友もいますけど、リタイアするっていうと恐怖なんですよ。大勢の人脈の中から僕が消えてしまう。ネットワークは放っておくと、じっとして待っていると、だんだんちっちゃくなってくる。それで今度は自分のネットワークをつくろうと考え、よろず工芸舎を始めました。

よろず工芸舎っていうのは、無垢材木工、小規模内装リフォーム（写真3）、家具表具修理、シニア生活支援・よろず相談、別荘維持管理・各種代行業務・英語通訳、みんな時給一〇〇〇円でやっています。ちょっと床が抜けたなどの修理の大工仕事から、蛍光灯がチラチラするけどお年寄りだから高いところは怖いとか、水道がポツポツ漏れるとか、お便所が詰まってしまったとか。まだ依頼が来な

写真４　地区には庚申講という寄合があり、月１回の連絡会、共同作業を行なっている。一員として草刈りに参加する早田さん（中央奥）

いのは通訳だけですね。

この辺にはまだ古いしきたりが残っている。庚申講っていう講があります（写真４）。ここの道路から向こう一一軒かな。もう皆さん血縁関係みたいな人たちだから兄弟みたいな付合で、呼び方が呼び捨てでね。年の順でちゃんと序列があって、席順も決まっているんですよ。月に一回、二十五日に夜七時に集まって連絡会をする。もともとこは大家ですし、親戚のおじいさんが「大家で太鼓判を押す人だ」って最初に仕切りをしてくれたもんだから講にすぐ受け入れてくれて、「じゃ、歓迎会をやろう」って言ってくれた。すぐのところに似たような家があって、一つは分家で新家《にいえ》と呼ばれています。

長い間に、少々閉鎖的な部落単位のコミュニティーが出来上がっていて、地境や水利のことなどで複雑なしがらみあったようですが、僕は外の人だから利害がないので気軽になんでも話してもらえるのです。

母屋は百年以上前に造られたところより、むしろ三十年前に直したところが傷んでます。ベニヤを使ってますからね。昭和のベニヤっていうのは二十年か二十五年でバラバラになっちゃう。台所は床のビニールを剥がして檜を載っけました。古いお宅を修理するときはなるべく元のように無垢の木材を使ってやります。あったかくって断熱もいい。使い心地がいいし、長もちします。昔の人は物の寿命は百年単位で考えてたんでしょうね。使い捨て文化じゃない、やっぱり昔の知恵はすごいなあと思います。

（二〇一二年十一月取材）

長屋門の早田さんの部屋はとてもお洒落でしかも便利そうであった。古い家は寒くて住みにくいという人がいるが、今は便利な設備がいくらでも売られているので、工夫すれば大丈夫、快適に住めるという良い例だと思った。早田さんの退職後の分析と自身の生活設計の実践は、これからの高齢化社会で大いに参考になるのではないだろうか。

5　雪国で茅葺き屋根の家を守る——料理屋　南雲直子《なぐもなおこ》さん

昭和二十五（一九五〇）年生まれ。米どころ新潟県南魚沼市長森の田園風景の中にたたずむ茅葺きの大きな農家を、屋敷内にそびえる大欅から欅苑と名付け、家族、村人と郷土の料理を提供している。

欅の古木のある家

先祖がここに住みついたのが、五、六百年前といわれています。屋敷にある欅の樹齢は千五百年から二千年と樹医の山野忠彦さんがおっしゃっていましたから、そのころは今と変わりないくらいの太さだったんじゃないかと思います（写真2）。

「ここが（水で）いっぱいにならんきゃ行がない」。昔は田植えの水は欅の木の下を通ってまずこの池に入って、それから村の田に入ったと義父《ちち》が言っていました。それは堀を掘って田に水を引いたころの話であって、田んぼも増えましたし、用水路もいろいろできてますので今はそんなことはありません。

いつからか分かりませんが、南雲家はずっとここで庄屋をやっていました。屋号は大家《おおや》といいます。

庄屋のことを大家と呼ぶところもあると本に書いてありました。職名みたいなものでしょうか。

この家が建てられたのは明治三（一八七〇）年です（写真3）。母屋の材は欅で、およそ一一〇坪あります。義父が前の江戸時代の家の建具を使ってあると言っていました。私は六日町から嫁に来ました。こういう家はやっぱり寒いし、暗いですけど、同じようなところから来てますので、そんなに気になりませんでした。

写真1　座敷にて、南雲直子さん

写真２　欅苑の名前の元となった大欅。下の池の水は昔は田の水となったという

写真３　茅葺き屋根の欅苑

義父は壊すに壊せなかったと言っていましたね。「壊すにも金がかかって」とか言ってましたけれどもやっぱりこの欅の材のこの家の価値を考えて「壊せないな、これは」と言う思いだったんだと思います。

義父は勤め医者で、それなりの収入があり、普通にこの家を維持していました。義父がいつまでも元気でいるわけでありませんから、この家を生かして私たちもそれに携わって、なんとか維持していけたらという気持ちがありました。義父が元気なうちにやってみようと昭和六十一年に欅苑として商売を始め、何とか続けてきました。

料理屋を始める

開業したときは、雨戸をガラス戸に替え、土間にお手洗いを造ったぐらいであとは何も変えませんでした。昔の古いそのままのほうがいいですもんね。初めは表の奥座敷、前座敷と二七畳の広間を使いました。ここは襖を外すと大広間になり、法事をしたりしていました。

私は最初から、個室でお二人連れなどを、ゆっくりおもてなししたいなと思っていたものですから、徐々に私たちの部屋とか子供たちの部屋とか、離れにお食事の部屋を広げ、住まいは別棟を建てて、母屋はなるべく営業を、というかたちにしていきました。

お料理を習ったわけじゃないんです。つくるのは好きです。親戚の年寄りが泊まりに来るとか、法

写真４　夫の南雲浩さんが担当の川魚の炭火焼き

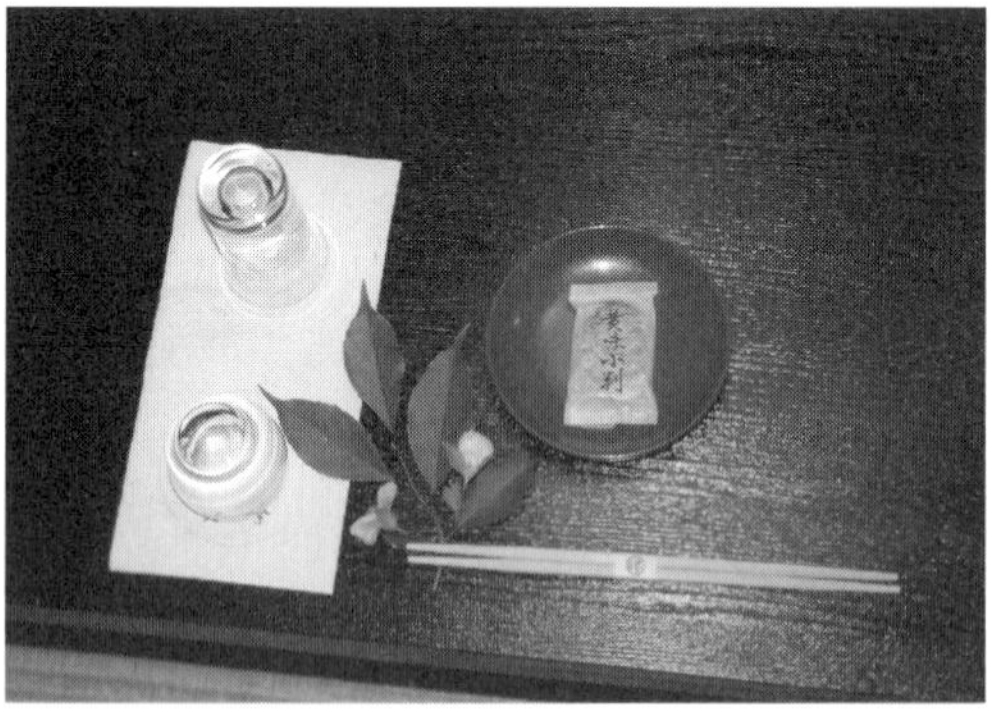

写真５　庭の花や実、葉を箸置きに

事を年忌ごとにして「巻」とか親戚が集まるというのはありました。そういうとき義母《はは》がごま豆腐や何か季節の物をちょっとずつつくって、あとは仕出し屋に頼んでうちのお膳に載せていました。巻というのは親戚とも違う、むかーしに本家から新宅に出た関係のある家というか、つながりのある家ですね。

義父が釣り好きでしたので鮎なんか釣って来たりすると義母が塩をつけて囲炉裏に刺して焼いてくれました。欅苑を始めたときは義母も元気でしたからよく手伝って焼いてくれました。今は主人が焼いています（写真4）。

最初からこの家にあったお膳も生かしたい、器も使いたいと考えていました。これだったら何が合うかなとか。季節の物を使い、庭で採れた野菜を使うとかこの土地らしい料理をつくりたいという思いがありました。

農地解放で田がなくなってしまいましたが、圃場整備で調べたらいろんなところに小さい田が残っていたそうです。合わせたら田んぼ一枚になった。義父が俺の分も一枚くらい残しておけと言って。やっぱりこの辺はおいしい米が穫れますのでね。田んぼの一枚くらいあったっていいじゃないかということなんでしょう。欅苑ではその田んぼで穫れたお米をお出ししています。

巻の助けを借りる

この辺はだいたい三世代ぐらいで住んでいるんですよ。おっきな家を持ってて、農業をやっていたりしてます。一番上の、おじいちゃん、おばあちゃんたちが家を守って、二代目の若手は働きに出て、その下の若い息子たちも働きに出たりして、またその子をおばあちゃんが見たりとか。そういうかたちで、お互い協力して暮らしています。

私が欅苑の手伝いを頼んでいる人たちは、うちのこともしなきゃいけないし毎日勤めに出るにはちょっと、っていう部分がありましてね。だから、ここがすごく忙しい日ってもう分かりますので、早目に頼んでおくと、何もなければ、その日に来てくれる。一週間に、一日、二日、また一カ月のうちに十日ぐらいとか、冬になると暇だから二日か三日とか。自分が暇なときは来るよっていうような人たち。そして、気持ちのいい人たちを頼んでいるわけなんですね。そういう人たちもちょっとアルバイトにもなるし、ここに来ると、また楽しい。

ここでそんなふうに働いて、自分の好きなものが買えたり、「ちょっと雨が降ってきたわ」なんて言っては、ちょっと家に帰ったり。そういう自由も利きますし、私もあまり無理にとは言わない。お互いのできる都合が合えばってていうように。一人の方はだいたいほとんどかなり来てもらっているんですけど、その人を中心にして、あと、今日はもう二人ぐらい雇いたいとか、今日は、お客様が五〇人もいるから、みんなに早めに声をかけて何とか人を集めたりしてやっています。

私が、欅苑で頼んでいる人は巻の人です。この辺では巻を大事にします。昔っから代々住んでいる人たちですので、ま、だいたい、そこのうちの風っていうのがだいたい分かるんです。そこに嫁に来てもだいたい慣れ親しんだ人たちであったり、近くから来てたりしますので、その人の性格とかすべて。向こうも私のことよく分かるし。ま、そんな仲で、向こうの人たちも、大家がこんなことを始めたんだから、まあ、ちっとは手伝ってやらなきゃって、そういう思いもあって手伝ってくれます。だから、ありがたいんです。

暇なときも、みんなに来てもらうと、うちも困るんですね（笑）。板前もいませんし、そういう無駄な出費はないっていうか、極力抑えて、忙しいときだけ来てくれる人たちのおかげで何とかやっていくっていう、そんな感じですね。来てる人たちも、少し小遣いになって、ありがたいなんていうような関係で、うまくここまでやってきています。

庭の手入れは、まず庭の畑で作物をつくってくれる人がいます。それから近所のおばあちゃんが二人来てくれています。好きなようにしてくださいと言って頼んでいます。自分で見に来てここ「掃かんけばだめだな」と思えば掃いていきますし、草取りしたほうがいいなと思えば草取りをしていきます。自分たちの思いでしてもらえる。年を取るとその人たちが次の人に誰か、代々バトンタッチしてくれています。今の二人は最高のコンビ。この前「駐車場にサルビアを植えようか」と言ったんです。私は片仮名の花は植えないでくれって思うんですけど、断るの嫌いだから「なんでもいい。好きなようにやってちょうだい」って言ったんです。でもやはり娘が駄目と言うので、しょうがないその人たちにそう言ったら、「分かった。ほったるぶくろみたいんが、いいがかな」ってそうしてくれるわけですよ。

花は割と主人が植えているんですけれども、あとはほったらかしです。毎年黙って出てくる。ここにあれが出てくるんだとかいうのみんな分かっていますから、そこは残しておいてくれる。

早目早目に直しておく

うちの隣は源助大工っていう大工さんなんです。源助は屋号です。昔はこの辺では腕のいい大工さんでした。そこのおじいちゃんがよく家の手入れに来ていました。

ずっと住んでいるから屋根のどのあたりがちょっと漏れているとかすぐ分かるんですね。気になったところは早目早目に直しておくと本当にちょっとした手入れで済みます。源助大工ではもう皆さん亡くなっているもんだから、そこに弟子入りしていた高野大工に、その辺手を入れたいなと思うときは頼んでいます。とてもいい方なんです。ちょこちょこと、根太《ねだ》がおかしいとか軒が傷んでいるとか言うと「あ、そうだな」と、こちらがこうしてくれ、ああしてくれって言うよりも、「じゃあ、直しとく」っていう感じです。大きな修理はほとんどしていません。

家を維持するのに一番大変なのはやっぱり屋根ですね。だいたい五年で一回りの感じで手が入ります。茅屋根は厚いところで一メートルぐらいあります。表面だけ悪いところを落として、新しい茅を埋め込んでいくってかたちです。差し起こしっていうんです。だから茅の奥のところはいじらない。梅雨の前、初夏に作業することが多いです。

職人は小千谷の手前、越後川口の和南津《わなつ》という部落から来てくれていたんです。それが去年(二〇一一年)棟梁が亡くなって。その下に二人いらっしゃって引き続き来てくださるんですけども、なかなか二人ではやっていけないということで、どこかの組に入るそうです。次から割高になるなと覚悟しています。

ただの茅でも、職人の手に渡って屋根に上げるまでの過程で、かなりの手間がかかります。父が元気なころ、少しは自分で茅を用意しようかなと言ってやっていました。茅を干して、葉っぱを全部落として芯だけのはねすにするんですね。雪の上に晒《さら》したりもしていました。

あと大変なのは雪掘り。近所の人に頼んで屋根の雪を下ろしてもらっていますが、一冬に二回くらいだと、まあ、良かったなあっていう感じです。多いときだと三回、四回。三回くらいまではまだ我慢できるんです。四回、五回となりますとね、下ろすだけじゃないんです。雪を下ろすと屋根の下に落ちます。そしたらすぐ軒の下までいっちゃう。垂木が折れないように今度は軒を出さないといけない。だから一回目は下ろすだけ。二回目になると下ろしたのを向こうに運ばなきゃいけない。人足がかかる。まず一回目、それから二回目になると倍かかり、三回目になるとそれ以上かかると。

商売をするようになってから冬は大屋根にシートを掛けています。雪と茅の接点が、寒いと凍って、暖気が来てそれが溶けて雪がすとんと落ちるときに、茅も一緒にぼそっと抜け落ちます。シートは茅が抜けないようにということもありますが、一番は大屋根の雪掘りをしないで済むためということなんです。

お客様が玄関まで車で入れるように、井戸水で家の前の雪を消します。茅屋根の傾斜は六〇度あります。もし雪掘りをしていて地面まで落っこったらけがなんてものじゃ済みません。シートも昔は茅職人が担いで上がってくれたんですけど、ちょっとずつ年取ってきて、今はクレーン車で上げてます。
父はよく「欅に刃物を当てるな」って言っていました。つまり、昔から私どもを守ってくれる木なんだから伐ってはいけないということなんですね。皆さんが戦争に行くとき、欅の樹皮を取ってお守りにしたという話を聞きました。何かあって困ったとき、しばらくこの木を眺めていると、「まあ、なんとかなるか」って気になれるんです。

（二〇一二年十月取材）

日本料理で、建物（伝統建築）、味（おいしい、伝統食、地域食）、雰囲気（接客、しつらえ）の三つがともに優れている店は少ない。欅苑はその一つで、私の大好きな店である。地元の食材を多用し、伝統料理を交えた料理はおいしく、伝来の食器や庭の花や実を箸置きにするなど見た目も美しい膳である。南雲さんのさっぱりした性格や合理的な経営から感じられる心地良さは、いつも親戚の家を訪ねるような気がする。

6 原発事故に遭遇した先祖代々の家
——食品製造　高橋《たかはし》トク子《こ》さん

昭和十三（一九三八）年生まれ。自宅は居住制限区域であった福島県相馬郡飯舘村《いいたて》にある。避難中は福島市南向台に住み、かーちゃんの力・プロジェクト協議会で調理加工指導を担当し、自製の漬け物をあぶくま茶屋などで販売していた。

昔の家に手を入れて使い続ける

飯舘では田んぼと山で暮らしてた（写真1）。あさきっていうんだけど、楢《なら》の木、自然に生える物を、椎茸の原木で販売ね。杉とか松とかは植林して。夫は炭焼きもしてた。あと米と野菜と、椎茸と。二十年くらい前までは和牛をちょっとやっていました。黒毛だね。頭数は少なかったけど、四、五頭。部落みんなして、柵やって、草の生えているころ、六月から十月ころまで牛を放牧した。子牛生まれたときは、十カ月とか育てて、市さ出して、売ってました。多頭化っていうか、五〇頭とか一〇〇頭とかって飼うようになったら、放牧はやんないで牛舎になった。少ない人は、まあ、やめていくということで、二、三頭飼っているところはあるけど。放牧はもうここ十年ぐらいはやってないと思う。

写真１　飯舘村深谷字鍛治内地区。中央奥３棟が高橋さんの自宅

写真２　高橋さんの家。日中通うことはできるが放射線量が高く住むことはできない

今息子が七代目で、この家（写真２）を建てたのは多分初代。うちは本家って呼ばれていて、高橋は第一分家、第二分家、第三分家、第四分家まであるんです。

平屋で屋根裏があって、お蚕さんやってた。二十三で嫁に来たときはまだ囲炉裏で、かまどは、おばあさんが薪で焚いていた。ご飯は、籾殻《もみがら》かまど。囲炉裏では、鍋とかでちょろちょろ湯がいたり。板戸や柱は毎朝、拭いていました。舅さんがこっち見てんのね。「そこ、汚れてる」「そこ、落ちてない」って。

煙突っていうのはなかった。天井は囲炉裏の上は、貼っていなくて、開いてたの。囲炉裏をやめてこたつにしてから上の天井だけは貼り替えたんだけど、回りの天井は真っ黒くなってる。舅さんが消防団長やってたので、ガスだのは「危ないから、火、出すから」って、使い始めたのは、近所でも一番最後だった。

屋根にトタンかけたのは私が来てから。五十何年か前だね。トタンの下は茅葺きさ、なっているから、夏は涼しいね。冬はあったかいし。

家は毎年、ちょこちょこっと直してました。土間は、孫たちがドーンと落ちて危ないから、板貼りにして。昔の縁側は、広い廊下でかんなもかかっていないみたいな厚い板で、脱穀するのに、田んぼから稲持って来て、そこに重ねておくんだね。で、夜にそれを、作業場に運んで稲こぎする。いまは縁側にきれいな板貼って、サッシ戸を入れ現代風の廊下にしたけど。

原発事故で家から避難

原発事故のときは浪江（町）からとか、あっちのほうから飯舘にいっぱい避難して来てたもんね。飯舘に放射能が来てたなんて分かんないで、飯舘の人みんなでご飯つくってやってた。で、うちさも、原ノ町（南相馬市）のほうから避難してきた人がいたのよ。原発から離れているからって飯舘さ来て、うちさ泊まってたの。原ノ町のほうが放射能低かったのに。二七畳ある広い部屋（写真3）に、こたつあっから、そこに、こっこっと炭をおこして、ずーっとこたつを広げて、一五人くらい一緒に泊まっていました。十六日ころまで泊まってた。

息子が飯舘の農協さ勤めてたから、「（普通ならコンマ以下のマイクロシーベルトが）四〇も、五〇もあるんだと」なんて言って帰ってくるんだ。三月の十五日に、雪降ってきたんだもんね、放射能の雪。「じゃあ、逃げたほうがいいな」って言うんで、若い孫がいたからまず私と二人、ちょこっとした着替え持って十六日に会津の親戚に避難した。翌日に息子たちも来て。十日間ぐらいいて、四月からは、福島のアパートを借りた。

全村避難だって四月の十一日、一カ月たってからだもんね。それまでは「安全だ、安全だ」って言ってたから。大学教授とか何とか、みんな来て、講演したり、原発についてお話を、体育館とかで集まったところで村民の人たちに聞かせるんだけど、「大丈夫だ」みたいな話をしてた。先生方もこういう

写真３　高橋さん家の27畳の部屋。磨き込まれた板戸、太い梁が見える

写真４　新築の家にて、高橋トク子さん（高橋さん提供）

ふうに言ってと言われて来たんだべな。

私らは、勝手に避難して、四万八〇〇〇円でアパート借りたんだけど。県で六万までは出すってなって、アパートの大家さんは、みんな六万まで値上げして、契約書き直ししました。今はアパートから越して、ここ（「あぶくま茶屋」）から十分ぐらいのところに家借りてます。家賃八万なんだけど、二万円は自分で出して。仮設ではないです。

農協が原ノ町の庁舎借りて営業したので息子たちは六月から原ノ町にアパート借りました。平成二十五年四月から農協は飯舘で再開して、家のすぐ近くなのに住めないから息子は原ノ町から通って、嫁は南相馬で働いてます。孫は学校終わってやっと仕事に就いたところ。

夫は脳梗塞で、私、九年間も介護してきた。三月十一日には福島市の病院に入院していて、四月二十二日に退院っていうことになってたの。そしたら、四月十一日に全村避難ってなったから、先生に「飯舘さは帰れないから」って言って、病院の老人福祉施設に、入らせてもらった。

居住制限区域は平成二十八年の三月までで終わり。それからは帰村となるかもしれない。嫁が、ときどき来て掃除してっから、うちはそんなには荒れてないけど、ハウスは二月の大雪で倒壊してしまった。田んぼなんか木だの生えてっから大変。一年に一回は、草刈りしてても木の根っこは下にあると思うね。

田んぼにはまだ全然除染は入ってないの。山は除染しないし、林業は大変ですよ。椎茸の原木は駄目だから。山から持ち出し禁止だもん。本当に農業だけとか、農業、林業、酪農でやっていた人は、別の仕事探さないと。

夫は脳梗塞でも体が利かないだけで頭のほうはちゃんとしっかりしているから、放射能については、いろいろ分かってっから、「飯舘は、もう、ないと同じだぁ」って言ってました。

（村民は）半分まで帰るか帰らないか。仕事はないし若い人は帰らないからねえ。うちも孫たちは帰らないと思うね。


（二〇一四年三月取材）


原子力発電所の事故で避難を余儀なくされた福島の女性たちの中には公的援助を受けた「かーちゃんの力・プロジェクト協議会」で物産の製造や販売を行なっていた人がいた。事故の前から自宅に製造所を設け、漬け物製造・販売を仕事としていた高橋さんを始めとして、避難後に活躍した方々は、事故の前から積極的な人生を歩んでいたことが分かった。どんな状況でも前向きに生きることができる人には資質があると。

一部を除き飯舘村は二〇一七年三月三十一日に避難指示解除準備地区が解除になった。同日あぶくま茶屋も閉店した。

一年たった二〇一八年五月に飯舘村を再訪した。その日は高橋さんは補助金による猪よけの柵の設置の仕事をしていた。

帰村率は二割に達せず、高橋さんは福島市大森に家を新築し、孫の一人と住んでいた。他の長男家族は南相馬に住んでいて週末は福島市で一緒に過ごすという。

飯舘村には、汚染土が方々に積まれ、太陽光発電の放射線量計があちこちに立っていた。

高橋さんの自宅のそばには昨年（二〇一七年）道の駅までい館が新築された。そこでは高橋さんがつくって納入した食品が生産者「ふるさと飯舘なでしこ館高橋トク子」と書かれ売られている。ピクルス、キムチ、甘酒、ブルーベリーのジャム、かぼちゃ饅頭、柏餅など手づくりでおいしく、感じのよいものばかりであった。田はまだ耕作はせず草刈りだけということで、自宅前の畑には、荏胡麻、かぼちゃを植えたそうである。

二〇一四年の取材のときはご主人の様子を聞くことを躊躇したけれども、現在新築の家にお住まいかどうかをたずねてみたら、二〇一二年一月に亡くなっておられたことを教えてくださった。原発事故がなければ、最晩年を先祖伝来の家で家族と過ごせたのにと、お話を聞いて思った。

第4章

伝統工法の家を手入れする

伝統工法の家を手入れする

昔の日本の家は百年、二百年もつことを前提として建てられていた。改築、増築が簡単にできるというのも特徴の一つである。一部分あるいは一部屋を、今の生活に合うように新しくすると、古い家でも毎日の生活が楽しくなる。外見は伝統建築でも中では近代的な生活を営めるのである。

「畳と女房は新しいほどいい」というなかなかに許せない言葉があるが、年末に障子を張り替えて新年を迎えるなど、気持ちまで清められるような伝統的な住まいの手入れの習慣は、日々の生活に張りをもたらす。職人から手入れの方法やどんな材料を使えばよいかを教えてもらえれば、古い家でも明るく快適な暮らしを楽しめるのではないだろうか。

1　表具には紙も糊も十年かける——表具　原田英一《はらだえいいち》さん

昭和九（一九三四）年生まれ。慶応三（一八六七）年創業の埼玉県さいたま市浦和区の原田表具店七代目。五代目豊吉さんの妻壽《す》みさんが勝海舟の姪であったところから、勝がその名前の一字を取り屋号を文壽堂《ぶんじゅどう》と名付けた。

自分しかできない屛風《びょうぶ》をつくる

屛風は屛風だけで専門っていうのがいるし、掛け軸は掛け軸で専門がいるけど、普通表具屋で、こうやって店やっているからには掛け軸やったり、屛風やったり、障子をやったり、襖やったりって、いろんなことができなきゃ。うちあたり、いろいろ注文してくるから、やっぱり全部やんなくちゃいけないね。

仕事は、高校出てすぐですよ。子供のときに手伝いをさせられたことはなかった。修業もよそではしなかった。やるったって、おやじは一切教えてくんなかった。職人には教えるの。だけど俺には絶対教えない。

おふくろが「うちの子になんで教えないんだ」って言って、よくおやじとけんかやってたよ。「いや、見て覚えておかないと。本人に教えるよりも、悔しがって覚えたほうが早く覚える」っておやじが言うんだ。

教えてくれないから、俺、屏風古いの買ってきて全部ばらして、あ、こういうふうにやるんだなって覚えた。友達にね、けっこういい人がいて、氷川神社の神主なんか、神社で売る掛け軸、あれを何

写真１　仕事場で、原田英一さん

写真２　祖父豊吉さんが明治末期に建てた文壽堂の家。周りがビルになる中「うちの商売は古いほうがいいから」と英一さんは言う

百本と仕事持って来てくれたんです。全部やってそれでもって稽古になった。

一生懸命やったもんな。だから、私のやる仕事はおやじのやる仕事と違ったですよ。屏風なんかつくらしたってね、もうおやじとはやり方が全然違った。おやじには一つも教わんなかったから。

おやじの仕事は見てた。おやじはいい仕事したからね。越えたと思ったときはなかったけど、別になあ。ただ、もう、俺のほうがうまいなあと思ったよ。おやじは俺の仕事をけなしたりなんかしなかった。

俺も息子に教えなかったな。見ちゃあ覚えるよ。

障子が一番難しいかね。単純なのが一番難しい。工程の多い、いろいろやらなくちゃなんない仕事は、途中でもって直したりなんかできるんだけど。障子は一回貼れば終わり。違えられないんだよね。だから、難しいんだ。

いやあ、得意なのは何だろう。屏風かなあ。屏風はずいぶんやったな。うん。日本では私しかできないもん、つくったから。中へ色紙なんか入れ替えられる屏風。それがすごい人気でね。ずいぶん売ったから、今でも誰かは持ってるはずなんだけど。

和紙は産地へ出かけて買う

糊は、襖とか障子とか壁貼りとかみんな違うんだ。掛け軸の糊は正麩《しょうふ》（小麦の澱粉）をぐつぐつよく煮るんだよ。それでもって、寒いところへさ、縁の下かなんかへ、甕《かめ》で入れておいて寝かす。一年にいっぺん、寒《かん》の一番寒いとき、上の水を取り替えんの。かびを取るため。それが十年ぐらいかかる。寒糊って言う。仕事が多かった時分はね、毎年つくったよ。

今掛け軸なんて一年一人しか来ない。うちに掛ける場所がないんじゃない。そういう絵が必要じゃなくなったやね。だから、「金かけて直しても、もったないからやめろ」って言うんだ。

屏風や襖は寝かしてないただの正麩糊で、障子はそれを薄くして使う。うちの障子貼るのはとくに薄い。いや、別に理由はないんだけど、剥がすのに楽だから。

刷毛《はけ》も使う物によって違う。狸の毛の刷毛は、襖とか掛け軸の糊付けるのに使ってた。腰があってね。だけどもうないんだ。熊がいい、いいっていうけど、じつはたいがい馬だって（写真3）。そこにある刷毛は棕櫚《しゅろ》。それは掛け軸に使う。糊を付けるんじゃなくて叩く。裏打ちするときに、古い糊ってよく付かないから、叩いて無理に付けるんだよね。「トントントン」って音が、これがなかなか出ない。

紙はね、いい紙っていうのは、いくらもできないいんです。昔でもいい漉《す》き手がいないんですよ。それで、時期があるでしょ。いくらもできない。それを買ってこなくちゃなんないんだけど、手紙やなんかで頼むと、悪いのが来ちゃう。だから、おやじが向こうへ行って三日ぐらい泊まって、そのいい紙の上にこう、グジャグジャっと筆で書いてきちゃう。そうすればそれは売りもんにならなくてこっちへ来なくちゃなんないから。

写真3　糊を付けるのに使う糊盆と馬の刷毛

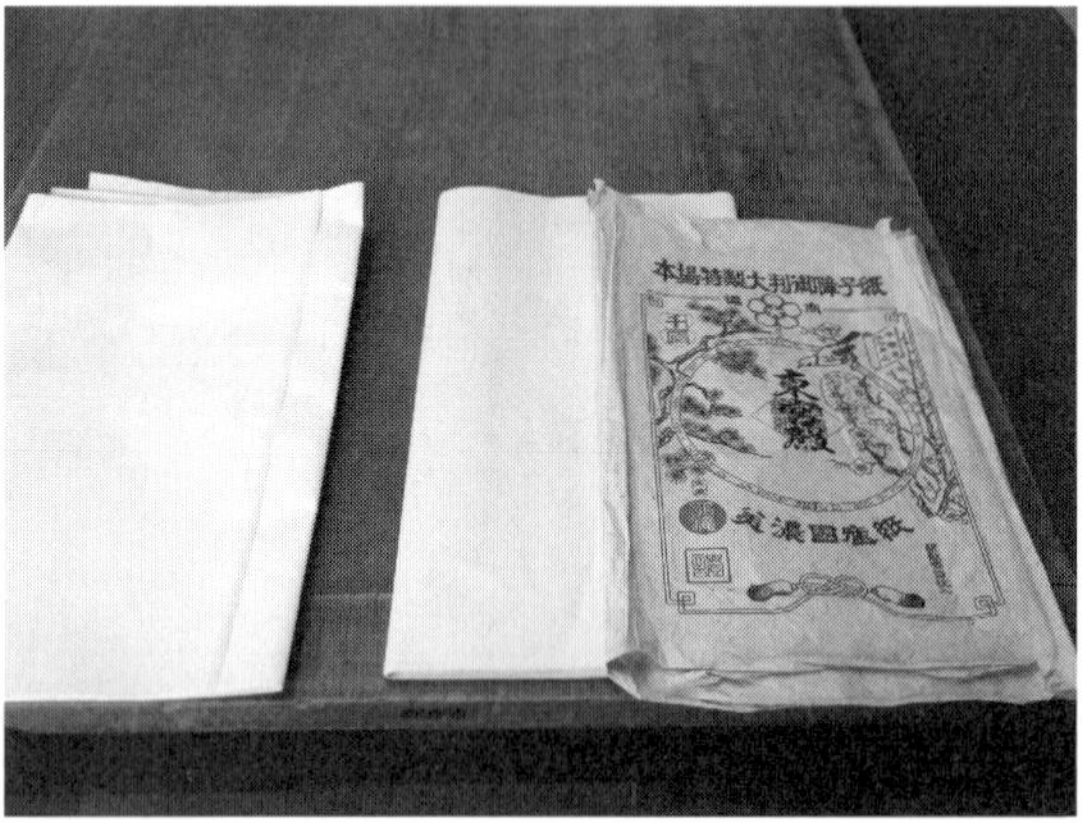

写真4　右が父竜一《たついち》さんが美濃から買ってきた無漂白の手漉き障子紙、左が現在の漂白された高知産手漉き障子紙

それをその時分はさ、私はそんなことはねえんだろうと思ったもんだ。飲みに、遊びに行ってたんだろうと思ってた。ところが、あとになってみるとなるほどなと思った。信州の内山はよく行った。美濃も。あっちこっち行ったからね。

障子紙はたくさんあったから俺の代はそれを使った。で、買ってから十年ぐらいたたないと、良くなんないですよ。障子紙ってのは、買ってすぐってのは、駄目なんですよ。十年ぐらいたつと、パリってひきが良くなる。仕上がりがね。機械の紙は貼ったあとで刷毛でなぜて湿らせるけど、手漉きの和紙は、前もって霧吹いておいて湿らしてから貼る。手漉きの障子紙はもつよ。二十年は大丈夫。まだずいぶんある。一〇〇枚くらいある。あのころの紙がね。この間もう駄目かなって見てたら、まだ使える。だけど今もうこういう色（生成の色）じゃ、なかなか。白いほうが、ほら、お客さんに受けがいいじゃん。手漉きの和紙っていっても今は最初から漂白してあるよ。この間息子が高知から手漉きの障子紙って取り寄せたら白かった（写真4）。昔ながらのがいいって言うお客さんはうちじゃ一人だけ。使っているうちに自然に晒《さら》されて白く綺麗になるんだけどね。

（二〇一三年八月取材）

祖母の壽みさんは、粋な人だったようで、いつも長火鉢の前に座り、孫の英一さんが悪さをすると、きせるで頭を叩いたと言う。「将軍の奥さんは足が悪かったが、庭の踏み石をぴょんぴょんと上手に跳んでいた」など勝海舟の語った話が伝わっている。英一さんは浦和育ちであるが、まるで江戸っ子のような雰囲気を持っている。

2　襖は何回も紙を貼って仕上げる――表具　原田《はらだ》一彦《かずひこ》さん

昭和三十六（一九六一）年生まれ。文壽堂原田表具店の八代目。襖・障子、内装を手がける。

襖の構造と貼り方

中学ぐらいかなあ、むらがないように紙全体に糊付けるぐらいは手伝いやるときありましたよ。高校出て、おやじが「大学出ても役立たないから、修業に行け」って言う。ただ、そんときは、浦安で、襖じゃなくて、クロスとか床のところへ行きました。あとは何となくおやじと一緒に仕事して覚えるって感じですかね。

息子はやる気出して大学、いちおう建築出たんです。襖やりたかったんですよ。本人はクロスとかはやりたくないって。今、襖はそんなに二人でやる仕事ないんで別の仕事をやってます。

襖の中は障子のようになっています（写真1）。桟にまず「骨縛り」を貼ります。それで、いい襖は骨の縁が、ちょっと触ってもらえれば分かりますけど、少し斜めになっていますよね、下貼り紙の分中のほうが低い。これは仕上がりをきれいにするためで、これにできるだけ段差を付けないように紙

写真１　襖の骨組みの見本と原田一彦さん

写真２　袋貼りの２回目
(原田表具店提供)

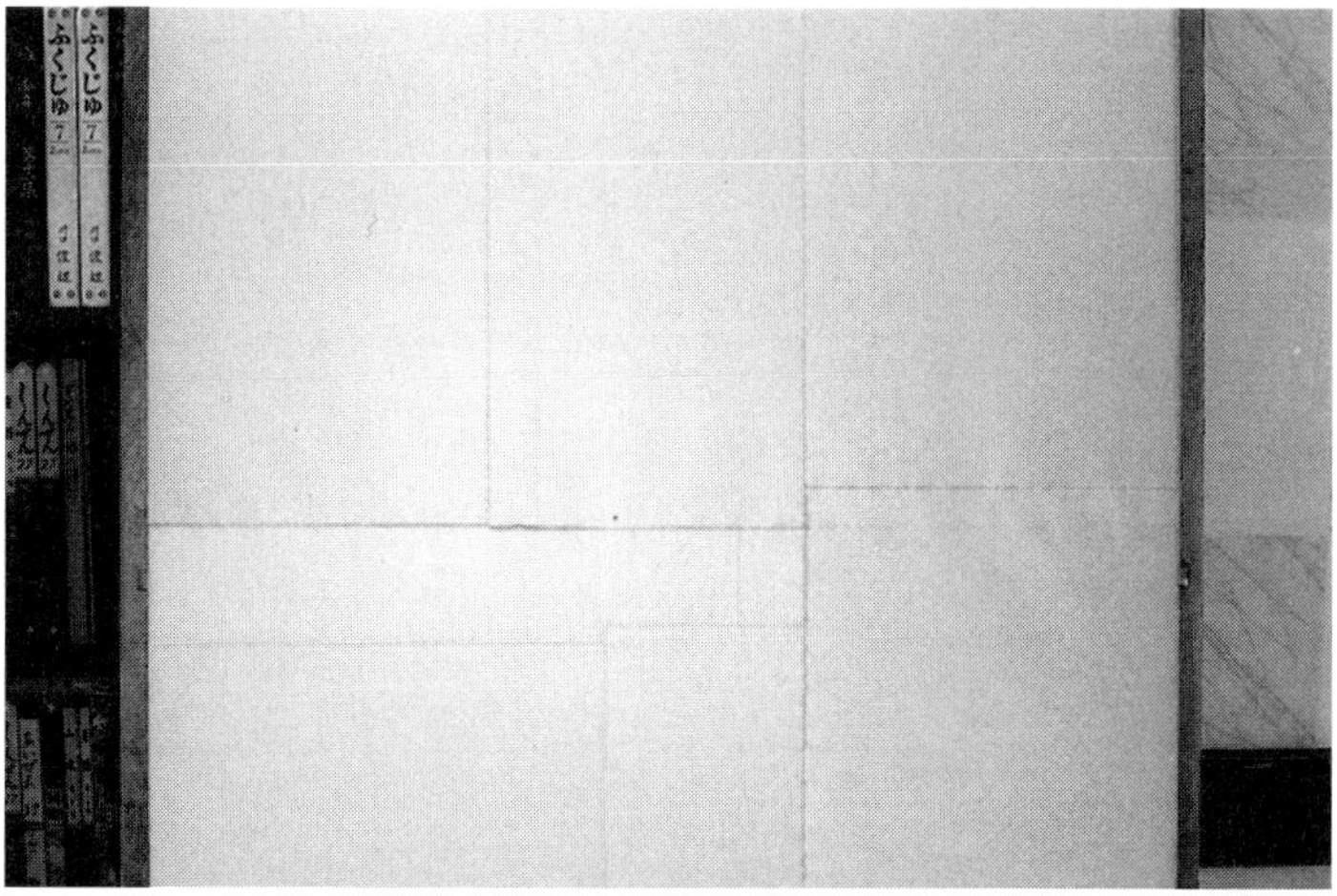

を貼る。どうしても段差になった場合には、斜めのところに貼った紙を少しそぐんですね。あとはべた貼り、袋貼りと貼っていきますが、上等な襖は十遍貼りって十回貼ります。薄い紙を何回も貼ったほうが襖が反《そ》らないんです。紙の質もピンからキリです。

べた貼りは、大きい紙を貼るんです。次の袋貼りのよりは薄いですけど、少し濃い目の糊を全面に付けて。いわゆる茶封筒の茶色です。「襖の下張り」って、昔だと字が書いてある反古紙を使ってますが、このべた貼りのところで使います。紫紙は透けないように色を付けてある安いやつで、べた貼りと袋貼りを一回で済ませちゃう。ま、手抜きじゃないですけど。

その上に貼る袋貼りの紙は、少し細かく横が四五センチ、縦が六〇センチぐらいの大きさに切って、喰い裂きにします。喰い裂きは紙を折って線にしたところを濡らしてちぎる。そうすると端がすぱっと切れずに繊維が残ります。袋貼りっていうのは、周りだけ糊をつけて中を浮かせる。いい物のときは柔らかい紙で二回貼ります。二回目（写真2）はもうちょっと細かく切ります。それのほうが、たるみがなくなるんで。鳥の子とかいい紙を仕上げに貼ると、紙が薄くて袋貼りの継いだところが横とかの光の影で出ちゃう。それが出ないように、下貼りを喰い裂きにして、ゆっくり合わせていくわけです。

仕上げの紙は、周りが少し濃い糊、それで中は薄めの糊で貼ります。

お客さんが紙を持ち込んでくることは、まずないですけど、たまにあります。間合紙《まにあいがみ》というのを頼まれたときは、薄かったんで、裏打ちしてね。石州、手漉《す》きの障子紙、こういう紙を裏打ちに使います。そしたら貼ったあとで下貼りの色が染みた感じになっちゃった。おやじが「手漉きの和紙は十年寝かさないと」と言ってましたが、このことかなと思いました。それは漉きたての紙だったそうです。

越前紙の人間国宝の手漉きと機械漉きと、比較するからって襖の表と裏に貼ったことがあります。機械漉きは大きな一枚できれいに貼れるんだけど、手漉きは紙が小さいから継がなくちゃいけない。継ぎ目は白くはっきり出ました。でも大昔の襖紙はみんなそんなもんらしいです。また表面が擦れて毛羽が立つんですよね。

機械漉きのほうが、紙も厚いですし、下地が出ないし、手の汚れも付かないというか、表面がコーティングしてあったりするので、やりやすい。手漉き和紙っていうのは、あまりやりたくない。運ぶときもかなり気を遣っちゃいます。汚れが付きやすいし、も、ちょっとすれても、傷が付きますから。それと、今、みんな防燃加工。糸の入っている襖紙でも、防炎の糸、使ってます。

和襖とマンションの襖の違い

あそこの後ろにある、少し丈の高い襖は、マンションに入っていた襖なんです。中が段ボール。マンションのお客さんは、襖のことを知っていて、これは嫌だっていうので、うちの和襖を入れたんです。中が発泡スチロールのもあります。これはまだ縁《ふち》が木でいいですけど、プラスチックではめ込みって襖もあります。こういうのは枠は釘じゃなくてボンドで付けちゃう。だから釘が使われなくなって、襖専門の釘をつくってた会社が製造をやめるそうです。

骨組みは骨屋さんがつくります。これはたまに、「襖の中を見せてください」ってお客さんがいるんで取ってある見本です。説明すると、「はい、じゃ、これにしよう」っていう方は、最近、いないけど。

襖を新しくつくる場合でも、こういう和襖の値段をいうと、「じゃあいい」って、ほかのところで安いできたやつを、入れられちゃう。マンションなんか、同じ寸法でいくつもつくれば安くあがりますから。

それで、骨組みの横の桟が二本だけ広い（太い）ですよね。力骨っていいます。いい物になると、全部の桟が広い。それだけしっかりしていて反らないです。今東北とかの雪国では広い縁を使っている家が多いですね。

縁は折れ合い釘っていう曲がった釘が組子の周りの框《かまち》に打ち込んであって、ずらすと縁に刺さって、止まるようになってます。外すときは反対に動くように木槌で打って外す。「印籠《いんろう》」の縁も同じ理屈で、くさびのような板をやはりその広いところへ、まず差し込んで、細いほうへずらして止める。理屈が分かっていない人は、釘が見えないし、どこで外すんだろうって、壊しちゃうことがある。

一番安いのは外から釘打っちゃう、打ち付け。折れ合い釘や印籠だとどうしても何回か使って、やっ

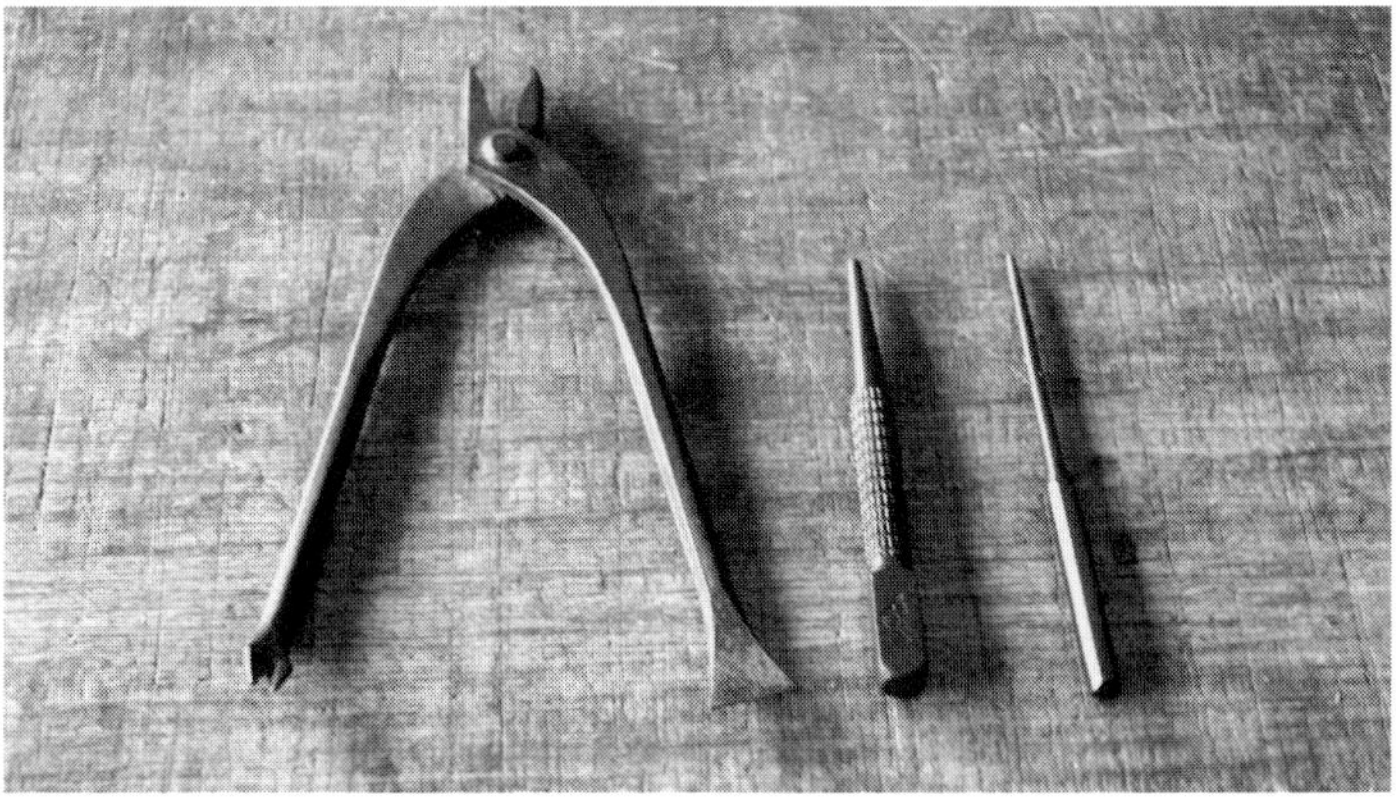

写真3　襖の取っ手を付けたり外したりする道具、右から穴開け、釘締め、引手鋲抜き

ていると縁が割れちゃうので、最後はもうしょうがない、打ち付けちゃうんです。錆びてくると、どうしてもね、釘が取れないし、穴が大きくなっちゃったりすると、利かないんで、そういうときも打ち付け。

で、縁の塗りも、いいのは漆。次にカシュー。もっと安いのは普通の合成塗料を塗ってます。

襖や障子を貼り終わったら、気持ちよく開け閉めできるように敷居にいぼた蝋という蝋を塗ってからはめ込みます。古いお宅とかなんか、家が歪んじゃったりしているときは、縁の片っ方にちょっと薄い木を貼ったりとか、上が空いていて戸が倒れちゃうときは、戸の上に木を履かせます。

お茶室の壁に和紙を貼るのもやります。帯が壁にさわって汚れないためって聞きました。障子紙をふのりで貼ります。剥がすときに壁土が一緒に取れないように弱い糊です。

昔は新築の新しい柱の養生に紙を貼る仕事がありました。糊付けした紙を二人で両側を手に持ってまず柱の片側貼って、今度柱を裏返してまた反対の片側を貼るんです。柱もだんだんラップでくるむようになり、紙を貼ることはなくなりました。

（二〇一七年十一月取材）

子供のころは家で襖を貼っていた。襖の中がこんなに大変な手間がかかっているとは思ってもみなかった。もっとも私の母は仕上げの襖紙を上から貼り付けていただけだったことが、このたび実家の襖の中をのぞいて判明してしまった。

江戸や明治の地図には、浦和宿近辺の中山道沿いに職人の店が数多く見受けられる。三十年くらい前までは、箪笥、簾、煎餅などをつくる店がまだ残っていた。今や作業をしているのは原田さんの店だけになってしまった。明治の建物の中で、一彦さんが店先で襖や障子を貼っているのを見かけることがある。ビルが林立する浦和の町で心がなごむ光景である。

3　なめらかに動く建具で快適に――木工　那須野利雄《なすのとしお》さん

昭和二十四（一九四九）年～平成二十七（二〇一五）年。岩手県出身。東京都の木工所で働きながら三年間夜間に建具の職業訓練校に通い理論や技術を習得。高級建具、家具、住宅資材を扱う埼玉県さいたま市中央区上峰の高野木工所に勤務した。

つくるだけでなく修理もする

うちは木工所ですから、木の物は何でもやります。最近は、都心のビルの中に枠を先につくって、あとで建具を入れるという仕事がたくさん来ます。今はフラッシュドア（骨組みの上に合板を貼ったドア）が多いです。厚みがあるので、うるさくない、防音にいいと。デザインで、違った種類のベニヤを合わせて貼ったり、けっこう複雑なのがあります。

建具だけでなく家具もやります（写真1）が、注文だから、現場に持って行って備え付ける家具が多いです。家具屋は指物《さしもの》（鏡台、茶箪笥など伝統技法による小ぶりで装飾的な家具）師じゃないよね。どうなんだろう。やっぱり指物師って機械はあまり使わないで、細かい手作業のみじゃないですか。家具の場合は、ほとんど機械を使ってつくる洋服箪笥《だんす》とか大きな物という感じでしょうね。

新規製作のほかに修理の依頼があります。引き戸がガタピシするときは、たいがいは、戸車が壊れています。戸車を取り替えればいい。簡単です。「戸が動かない」と言われて見たら、何のことはない戸車の穴にごみがぎっちり詰まって戸車が動かなくなっていたことがありました。敷居の穴に土埃《つちぼこり》が詰まっているだけなのに「雨戸の猿《さる》（敷居の穴に落ちて鍵の働きをする棒のこと）が落ちない」とか。立て付けの悪い戸でも、こういうのは掃除をすれば解決です。

それからレールが折れてるとか、レールを止める釘が抜けてるとか、無理矢理に戸を動かしてレールが曲がったとかで、動かない場合もあります。今は、直接レール本体に釘を打つんじゃなくてレールに縁がついていて、そこを釘で留めるようになっているレールがあって、それだと釘が抜けにくいです。

戸車のない襖や障子や雨戸の場合、敷居の溝が削れて丸くなったところがいっぱいあるでしょう。堅木の薄い板を貼ることもできますが、最近いいのがあって、丸くなっているところの上に載っけるプラスチックの溝があります。それを付ければするすると戸が滑ります。

溝より桟のほうが大きい戸（写真2）は、溝に入るように桟の角をL字にしゃくって（削って）あります。長年使って下桟《しもざん》の溝に入る部分が擦り減ってくると敷居の溝の脇の高い部分と擦れてしまう。こうなると蝋を塗っても滑らない。下桟の角をしゃくってやると、また滑るようになります。戸の上《かみ》桟《ざん》が擦り減って鴨居から外れやすくなったら、上に桟を打って足すしかないですね。

もし、がたがきて本当にひどかったら、桟の合わせ目とかがぴったりくっついていないわけで、枘《ほぞ》を一回抜いて糊を入れてきちっと固めないと。糊は昔は膠《にかわ》だったけど今はボンドです。

写真1　解体修理中の飾り棚。建物と同じように記号を付けてから解体する

写真2　敷居の溝の幅より大きい桟の例

ただ、細かい横に桟がいっぱい入っている障子は、抜いたらあとが大変。そのときは抜かないで悪いところだけ手を入れる。それは要所要所を見て、あ、このようだったら、この上だけ糊を付けて固めてしまおうとか判断するわけです。

桟が反ったりして緩んでいるガラス戸は、桟をビスか接着剤で留めればいいです。あとは戸そのものの取り替えとか、新しくするとか、ですよね。古い家を壊すときに建具だけもらってきて、「自分の家にはめてほしい」と言うお客さんもいます。たいてい大きさが合わなくてそのままでは入らないんです。わずかな隙間なら上桟をちょっと足すし、そうじゃないと下桟を足したり。場所を見て上に足すか下に足すか決めます。そうすれば古い建具も気持ちよく使えるので大事にしてもらいたいですよね。

書院の組子障子をつくりたい

中学出て学校の紹介で文京区の建具屋に住み込みで入りました。実家は岩手の農家で、六人兄弟の五番目でした。その当時は、金の卵といわれたり、集団列車で上京したりとかね、そういう時期でした。六時には起きて朝早くから働きました。そのころは当たり前だった。ま、すぐ慣れたね。職人たちは十人ぐらいいたし、新しい人たちは五人ぐらいいたのかな。それでもまだ子供だったから、多少でもホームシックにはなった。二、三年家に帰んなかったです。帰させなかったのかな、帰ると戻ってこないっていう感じがあったんでしょう。北海道からもいたし東北もいたし、地方からの人が多かった。

殴られたりとかはないけど、最初のころどなられたことはしょっちゅう。けがもしますしね。若いときって意外といろいろなことを考えているから、落ち着きがないし。そういうのがあると思いますよ。私もけがをしたのは十九だった。昇降盤で、指がつぶれたようになった。

そこは、何年だろう、いたのは。年《ねん》（年季奉公）が明けてから四年ぐらいいたから、十年足らずかな。建具も家具もやっていましたけども、ほとんど建具でした。次は豊島区でそこも建具が主でしたね。

それからここへお世話になりました。まだ社長のお父さんがいましたが、代はもうそろそろ、今の社長に替わっていました。自宅兼作業場で狭かった。よくあそこでやってたと思う。十三年くらい前に今の工場ができた。部品が一目瞭然に分かるようになっているのは社長の性格ですね。こうするとやりやすいです（写真3）。

得意な物はやっぱり無垢《むく》です。戸でも障子でも動かすものは何でも。無垢材は今は檜でなく米松が多い。けっこう反るけどね。あとは、スプルース（米唐檜）かな。でも細工しやすいのは檜です。軟らかいというよりも、油性があるから刃物にけっこうなじんで切れやすい。

（細い材を組み合わせていく）組子もやりますよ。組子は、細かくなればなるほど難しくなる。組子の障子こそ、建具屋の真骨頂です（写真4）。書院の障子ですね。

写真３　工場で鉋《かんな》がけをする那須野利雄さん

写真４　那須野さんが
製作した組子の見本
（高野木工所提供）

やっぱりああいう貴重な障子は、高いし、新しくつくってくださいというのは今はまずないよね。最近は注文が出ないからやっていないだけで、昔のように細かいのも注文があれば、本当はやりたい。

（二〇一三年四月取材）

百年以上たった素敵な伝統建築の家にアルミサッシュの戸がはめ込まれているのを見るとがっかりしてしまう。木の建具は見た目も美しくその木のぬくもりは捨てがたいものがある。そんなに木の建具は不便だろうか。那須野さんの話のように、ちょっと手入れをすれば木の建具でもするすると気持ちよく開け閉めできる。

私より若い那須野さんは病で亡くなってしまった。明治の家を壊すときにもらってきた組子の書院の障子の修理はしていただいたけれども、やりたいと言っていた新調をお願いできなかったことは無念であった。

4　黒ずんだ材を洗って元の美しさに戻す

――灰汁洗《あく》い　山下正春《やましたまさはる》さん

昭和二十九（一九五四）年生まれ。大手電器会社勤務を経て、大阪府枚方市で清掃業の春プランニングを創業。北野美装を経営する北野勇さんより白木洗い、ベンガラ塗りなどの技術を習得し「洗い屋　春」を名乗る。

サラリーマンをやめて洗い屋になる

灰汁洗いは白木《しらき》（素木《しらき》）洗いともいって、日本の古い家の白木の板や柱、建具の黒くなった汚れや染みを伝統的な方法で洗って、木本来の色に美しく蘇らせる仕事です。僕が灰汁洗いするのは古民家や社寺ですが、料亭はいつも綺麗にしてなくてはいけないからひんぱんに灰汁洗いしているでしょうね。

僕はもともとサラリーマンで、電器会社に二十年勤めてました。まったく畑違うんですけど、「こういう仕事は、合うだろう、俺には性分合うてるかも」って掃除の仕事に入りました。四十歳ぐらいでした。

ハウスクリーニングやっていて、灰汁洗いの仕事があるって気い付いたんです。「あ、やりたいなあ」って思った。で、文献探したんですよ。あっちの図書館、こっちの図書館とか聞きまくって行ったんですけど、そんなのないんですね。弟が建築屋で、たまたま師匠が守口市の現場に来はったのを知って、「兄貴見に来る?」って教えてくれた。で、行って「灰汁洗いがやりたい」てしゃべったら、「お前やったら教えてやろうか」って話になって、そこから手伝いに行って覚えるっていう感じで通うことになりました。

師匠は大阪市鶴見区の方で、基本は農家で、副業で洗い屋さんをやっていた。「灰汁洗いは鶴見や旭の辺が発祥やぞ、ここから始まって、全国に広がって行ったんや」言うてはりましたけどね。おじいさんも洗い屋さん、お父さんも洗い屋さん。で、うちの師匠も洗い屋。三代続いてた。

加減は自分の舌で決める

昔は藁《わら》灰とかの上澄みを取って、灰汁をつくり、白木洗いにそれを使った。だから灰汁洗いっていうんです。今は普通、苛性ソーダ（水酸化ナトリウム）のフレーク状になっているのを現場で溶いて、その木の汚れ具合、木の質とかによって、溶かす加減を自分の舌でなめて決めます。薬で木が焼けると僕たちでも取りにくい。洗う薬で焼けてしまってはしょうがないですから、初めに師匠に「どのくらいの倍率で薄めるんですか」って聞いたら、「そんなもん、木の加減とわしの舌やがな」って言う教え方で、まあ、見て覚えていう感じでした。つくったやつをこうやって、そのたんびになめるんです。劇物ですから、すぐうがいしますけど。

こそぎという道具があります（写真2）。鉄の細長い板状の物で先が少し曲がって刃物になっていま す。いうたら鉋《かんな》ですね。鍛冶屋さんにつくってもらおうと頼んだら、材料は日本刀と同じ玉鋼《たまはがね》で手に入らないそうです。それで師匠のお父さんとかおじいさんの使い古したやつをもらってきて、（刃を）起こしてもらいました。

古い木の表面を見ると、年数や日焼けによって痩せてでこぼこになっています。こそぎで木目など出た部分を削り取り、滑らかにします。そうしておけば仕上がりが綺麗になり、また毛羽立ちを防ぐことができます。

灰汁を引くと、汚れが浮いてきて、木が軟らかくなるんです。毛穴が広がって中の汚れも出てくるような感じで。杉や松や檜や欅やで、木の性質が違うじゃないですか。堅い木は強い。軟らかい木はやっぱり弱い。それなりの道具に替えていかなあかん。木の性質に合わせてささらとかナイロンたわしとかで浮いた汚れを取る。

ほんで水洗いです（写真3）。

それから、酸を入れる。最初は硫酸使《つこ》うとったっていいます。硫酸からしゅう酸になって、しゅう酸から燐《りん》酸になった。燐酸って、昔のオレンジジュースとかに使ったって話です。おいしいですよ。もっと昔は安全な酢だったんじゃないですかね。

で、今度最後の水洗い、末《すえ》洗いです。乾いて、家の中やったら、手垢防止でつるつるになるようにワックスを塗ります。棕櫚《しゅろ》のたわしで擦《こす》っていくんです。すると、濡れ色で少し赤みがかったしっとりしたつやが、ピカーッと出てくる。家の外っ側《かわ》は椿油を塗ります。人が歩く縁台の上は椿油だと靴

写真1　作業現場にて、山下正春さん

写真2　こそぎ。年数がたって、でこぼこした木を削る道具。先端が少し曲げてあり、刃となっている

写真3　水洗いに使う木の桶。中が赤で、外が黒という粋な色合い。中に少し水を入れ腕に掛けて、藁を束ねた煙草屋ほうき、水ほうきで洗う

写真４　灰汁洗いによる廊下板の変化。右が洗う前、左が洗ったあと（山下さん提供）

下がべたべた汚れちゃうから、表面が乾く荏胡麻《えごま》油を塗ります。

最後にタオルで仕上げて終わりです（写真４）。

良い風合いがあったら磨くだけ

僕の仕事はもともと農家だった家が多いですね。囲炉裏がある家は、僕ら呼ばれて行っても良い風合いがあったら、「やめといたほうがいいです」って、「洗って取れるけど、これはこの風合いがあるから、僕はよう勧めませんね。絶対このままのほうがいいです」って言います。

このごろほとんどないんですが、新築の家の仕事もあるんですよ。大工さんなんかが木部や天井に付けた手垢取りの仕事。付いたときは分からないんですが、数年たつと手の跡がはっきりと出てくるんです。ひどいときは足形付いとったことがあります。酸でずっと拭いていくんです。そしてワックスで美装しておけば、それから何年も黒くならないです。僕らが手垢取りに行くっていうのが、前は常識だったんですけど。今はお金の加減なんでしょうね、新築の仕事はないです。お客さんもそんな仕事知らない人が多くなったし。

けどまあ、自分でこの仕事やって、「あ、良かったなあ」って、いろいろ思いますねん。こういうお仕事していると、十時と三時はね、農家のおじいちゃんとかおばあちゃんがお茶菓子持って来はるんですよ。縁側で話しながら、こうや、ああやって昔話があって面白いな思います。

仕事が終わると、そこで普通は終わりなんですけど、おうちによっては、遊びに行くと、「ああ、上がれえ。はよ、上がってお茶飲んでいきー」って。ずうっと近所付合みたいな、仲ええ付合ができますねえ。

（二〇一三年四月取材）

五十五年くらい前に、わが家に高齢の灰汁洗いの職人が来て家中の黒ずんでいた素木部分をすっかりきれいにしてくれ、そういう職業があるのだと初めて知った。駒込（東京都文京区）あたりの料亭がお得意だと言っていた。山下さんのお客さんは農家が多いとのことで、ちょっと雰囲気は違っていたけれど、木の家をいつまでも綺麗にして気持ちよく暮らしたい人に勧めたい技である。

5　漆は器だけではなく建物にも塗る――漆工芸　松原慎吾《まつばらしんご》さん

昭和二十二（一九四七）年生まれ。父清さんから漆塗りの技術を学び、岩手県遠野市新町で松原漆工芸所を営む。木製家具、建具、漆器、建物木部内装などの塗一般の仕事のかたわら御輿、絵馬、こけしの製作も行なう。

階段や廊下に漆を塗る

昔のうちは、階段も廊下も床の間の内棚も、みんな漆を塗ったもんだけど、最近の住宅は、できた建材を使うものだから、塗らねえんだよ。江戸時代はたとえば、地主さんの家とか、裕福なとこは塗ったんだかもしれないけど、普通一般が塗るようになったのは、終戦後でねえがな。

旅館の福山荘（写真2、3）の塗り替えはもう二回ぐらいやっています。だいたい十五年ぐれいで一回塗り替えてっかな。塗り替えるときは、前のは、剥がしません。浮いて剥げているやつは剥がすけども、全部ならして、色合わせで塗料を掛けて、そして最後に全部漆を塗るというようなかたちになっから。

一週間ぐらいでやったべがね。お客さんがいるために、廊下なんかも半分ずつしか塗れねえわけ。

お風呂もトイレもあるから、渡しの板をやって。だから、なかなか大変なんですよ。階段を塗っときは二階に人を泊めねえでいてもらった。二、三日で乾いて入れるから。六月、五月末だったかなあ。そのあたりはもうただ塗っても、野放しで乾くから。漆はね、湿度が高くないと乾かない。

空気が乾燥する時期は、家は室《むろ》に入れられないからビニールでずうっと囲って、やかんから蒸気掛

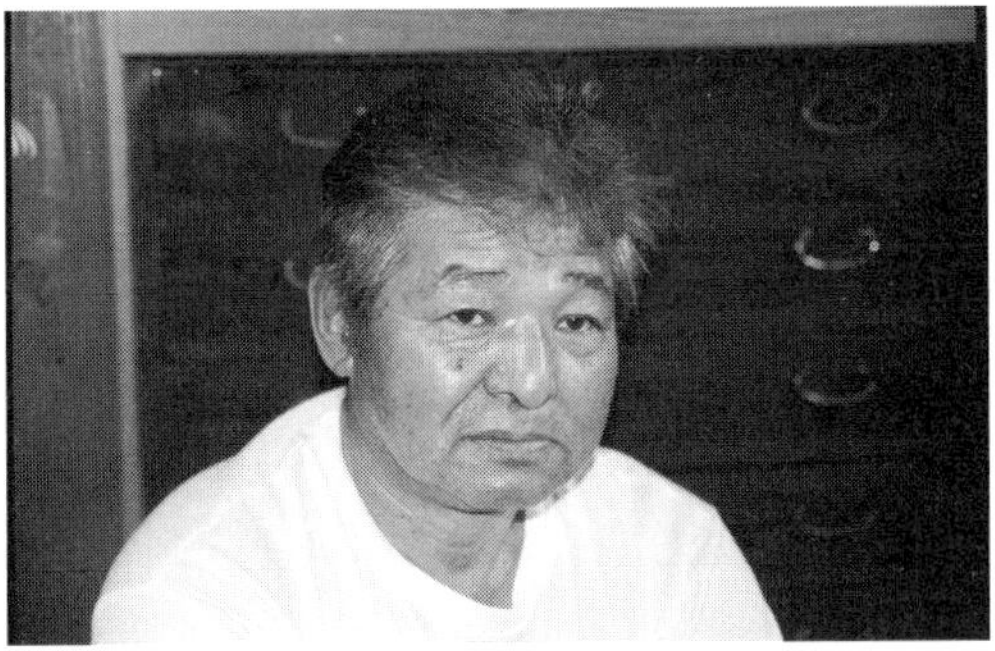
写真1　自宅仕事場にて、松原慎吾さん

写真2　1951年建築の遠野市の旅館福山荘

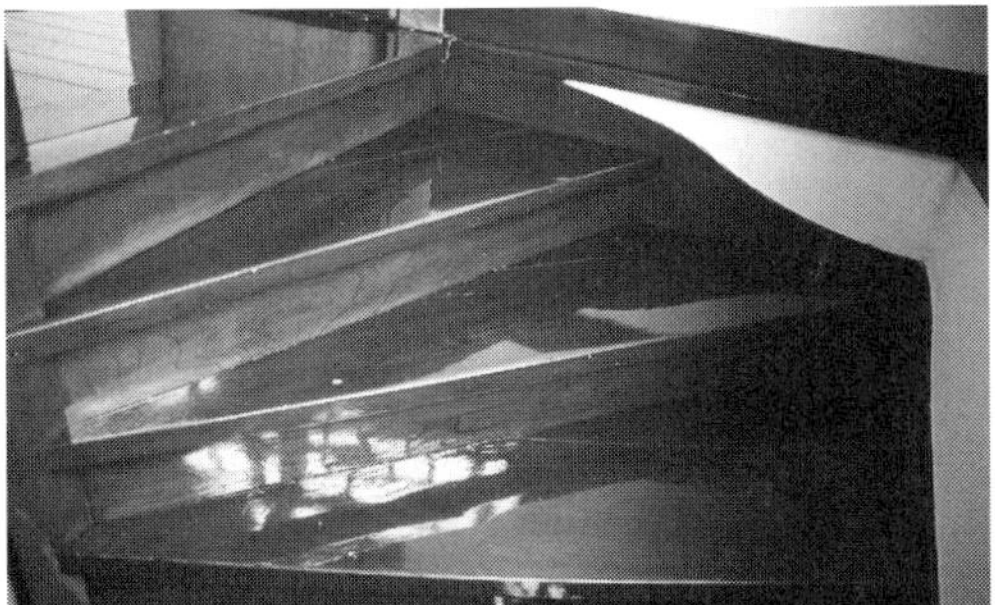
写真3　松原さんが塗り直した福山荘の階段

けたことはある。極力そういう時期には塗らないようにしねえと。まず乾きのいい時期は五月、六月、まあ、七月の初めぐれいまでだな。その間に塗るといい。

会津で塗り方を修業

おやじは花巻が出身で、器の漆塗りをやっているところに弟子入りして、途中、会津へ修業さ行った。おやじのおふくろが死んで、気がめいっているときに、おやっさんに、気晴らしでもねえごったけんども、「行ってこ」って会津へ出された。そしてまた戻ってきて、働いてあったんだけれども、終戦後の昭和二十三年ごろかな、遠野さ来て、独立した。おらもなり始めのときは、「会津さ行け」って、おやじの行ったところで三年ばかり修業やらせられた。それで、二代目だから。

おやじも遠野に来ては、器っつうのは製造がねくて、家具づくりはいっぱい居たったから結局家具塗装になってしまった。子供のときは、借家で、三部屋だかある昔の大きいうちだったんだけども、おらが家族生活するところねがったべ。どの部屋も、びっちり家具入って。家具屋さんがつくったやつを持って来るわけね。白木のも山のようにあるし、途中のもあるし。みんないっぺいへいっていて、いるとこねかったな。もう小さくなって生活したもんだ。

洋服箪笥《だんす》もあったし和箪笥もあったし何でも。みんな刷毛で塗る塗り方の。岩谷堂《いわやどう》箪笥とかの拭き漆と違って、厚みもあるし、照りもあるけれども、ごみが目立つものだから、絶対ごみ付けられねえわけだ。だからおやじのときは、ふんどし一つで、裸でやった。

漆塗りは下地が命

おやじの漆は、青森の越前屋でねべがなぁ。おらの代になってからは、福井の問屋の漆を使ってる。値段も違うけれども、人によってね、そのつやが違うとか、乾きが違うとかっていろいろ言うけども、これはある程度の慣れもあるんでねがなあと思うんだ。おらの場合、中国産が七割で、国産三割とかの混合のやつ使ってっから。

中国産一〇〇パーセントは乾き悪い。日本の風土で乾かねえわけ。そこに日本産を一〇パーセントでも二〇パーセントでも足すことによって、日本の風土さ慣れて、乾きがよくなる。国産一〇〇パーセントはいいことはいいんだけども、今度はあんまりよすぎて、縮みがきすぎる。おらからすれば、使いづれいといえば、使いづれい。乾燥が早いためにね、ゆっくり乾いてければ、漆っていうのは、なんぼ厚く付けても、フサッと乾くけれども、あまり急速だと、グジュグジュグジュグジュッとなってしまうのさ。だから、あんまり厚くは付けられねえんだ。

家具を刷毛《はけ》で塗る人っていったら、あまりいねえんだよね（写真4）。上塗りに朱合《しゅあい》、透《しき》って透明な漆を塗るんだけども、ちょっと刷毛の重ねがここの分だけ厚いとなると、赤くなんねえでその分だけ黒くなるから黒くならないようにするのが難しい。ただ塗るのではねくてさ、力加減とか、いろいろある。透塗りができるようにならねば、一丁前ではねえなあ。

下地が本当は命なんだけどもね。上塗りは、まず、透だけやれば、一年でも二年でも塗れるようになるごったけども、その下地をいかに平らにして吸われねえようにするかっていうと、やっぱり何年もかかってやらねば。下地は塗るものによって違うんだけど、会津だと、カシューさ。おやじも会津、おらも会津だし、それが基本で、やってるべどもね。との粉を混ぜたカシュー下地を二、三回塗って、

写真4　漆塗りに使う道具。手前は刷毛、向こうはほこりなどを取るへら。台は漆を混ぜたりする定盤《じょうばん》

写真5　松原さんの自宅兼漆工芸所。大正初めに建てられた建物

水とぎ研磨して、次、その上の塗料を掛けて、乾いたらまた研磨して、そして最後の漆の上塗りになる。中塗りというところまでの、塗っての研磨がいかに平らだがっというのによって、最後上塗りの善悪《よしあし》が出てくる。なんぼが塗り立派に塗っても下地がでこでこだと、でこでこに仕上がるもんだから。

いちおう木製家具、塗装ということで特技を出してんだけどね。今はもう遠野で漆を扱うの木工団地しかねえものだから、十五年ぐらいになるかな、そこさ行って漆の家具塗装やっている。

注文があればウレタンもやる。何でも。大都会だば、専門一本でいいんだけど、田舎にいれば、それこそ、ウレタンがらカシューがら漆がら何でもやらねがら。そういう流れの中で結局階段も塗らねばということも、出てくるからね。

（二〇一四年六月取材）

馬搬《ばはん》の菊池盛治さん（第2章第3節で紹介）の取材のときに泊まった遠野市の旅館福山荘の廊下があまりにつやつやしていたので、「ニスを塗ったのですか？」とご主人に聞いたら「漆です」との答えだった。石川県能登の中谷家で蔵の中の木部を漆で塗ってあるのは見たことがあったが、廊下に塗ってあるのを見たのは初めてだった。塗った人が松原さんであることを聞いて、次に遠野に来たときに話をうかがった。田舎なので何でもやらねばと、ちょうど出来上がった御輿が作業所に飾ってあった。遠刈田系のこけしもつくっていた。

6　古い家にふさわしい畳をつくる——畳　本間駒吉《ほんまこまきち》さん

昭和二十一（一九四六）年生まれ。新潟県新潟市西蒲区岩室温泉にて長男聡《あき》人《ひと》さんと本間畳店を営む。旧庄屋、旅籠、農家など、江戸時代からの家の畳を扱う。地元の伝統食「きりあい」の継承のため製造・販売もしている。

畳本体を手づくりする

畳はうちのおやじの代から。俺なんか、高校なんかやらせられなかったんだい。卒業式の次の日から仕事をさせられた。俺は年季奉公しないで、人手がなかったから自分のうちで。兄弟四人。男、俺一人だけ。ひでえ目に遭わされた。うちは職人がいたったから、一年何もしないでただその仕事を見ているだけだった。最初六時に、はたき起こされてね、玄関掃除から座敷の掃き掃除から全部やらされた。まず畳床に使う藁《わら》すぐり（葉をとりのぞく作業）、おやじと職人の包丁研ぎ、それから畳を縫う麻糸に菜種油を加えて、引きをよくする仕事とか。

で、「一年見だっけ（見たから）、あんた、横から見て分かったでしょ」って言う。最初、自分の部屋の畳を何《なん》にも言わずにやらせられた。「おまえ、何見てたんだ」ゆて後ろからはたかれて。そういう時代やったわけ。

冬になって仕事がなくなると、(畳の中の)床《とこ》づくり、台づくりをさせられたんね。「一畳仕掛け」といって、藁を縦にしたり、横にしたりして、合わせて畳一枚の台をつくる。それ、基本なんです。

畳表を付けるときは、藁床に畳の形が崩れないように板入れ。厚さ二分(約六ミリ)ぐれいの杉の板に錐《きり》で穴を開けて、糸を通して畳に締め付ける。今のボードの畳だとプラスチックのコーナーを付けるんだよね。

菱形の畳をつくって部屋に合わせる

今の平らで直角な家はうまくいくんですよ。でも昔の家は違う。みんないびつ。お寺の八畳の座敷でほかの畳屋さんが上等な紋縁《もんべり》の新畳を入れたら端に二寸(約六センチ)の隙間ができちゃった。底辺が二寸の細長い三角の畳つくったけども、見ばが悪くてどうにもならんから直してくれと依頼があった。畳は全部つくり直しだ。図面つくって割り付けをして、寸法付けて。へえ真ん中の畳からね、少しずつこう斜めにしていかないと。「掛け清水」っていうやり方なんだけど、マッチ箱つぶしたような菱形の畳つくって端の畳が斜めにならんようにやる。二寸斜めになっているものを、なっていないように見してつくる。台からつくる昔の技術がないとできない。

お茶の世界でも、いい部屋になればいい部屋になるほんど、縁《へり》のすぐ脇の目の幅はみんなおんなし。

片側の縁はそこから目が全部出ているのに反対側の縁は目が半分から出てたり、そういうことはしない。「どっちから見ても、同じく見えるようにつくりなさいよ」って言うのが原則です。「どんなに安い畳であろうが、どうであろうが、両方を同じようにやりなさい」と俺は言われた。

押入れとか床の間があった場合、畳をどういうふうに置くか、入り口はどこから入るかとか。入り口は畳の目に沿った目なりのほうが、すっと滑って、畳の目に直角な逆目《さかめ》から入るより、傷まない。それと、棹縁《さおぶち》天井（第1章第2節写真5）の棹さし（方向）があるでしょ。棹の向きと畳の縁の向きはだいたい一緒というふうに考えます。

部屋の雰囲気に合った縁なし畳を入れる

昔の板の間の台所には、囲炉裏の周りに薄縁《うすべり》を敷いた。ここは雪深いから冬は床下に芋とかいろんなの保存してあった。薄縁をぺっとめくって床板を開けて出せるようになっていた。薄縁は裏がむしろで、表にござをくっつけただけの一般的には、台所《でえどころ》むしろといいます。我々の専門用語になっと差し付けって言う。そんで、いいうちになると、縁を取った（付けた）薄縁になる。

薄縁は一年いっぺんの十二月、年を越すに一年に一回ぐらいは替えたわけなんです。だから十二月、十一月はものすごい忙しかった。昭和のそうね、五十年ぐらいまでそういうふうだった。

庄屋さんなんかの家の台所むしろのござは上等な琉球表（かつて沖縄に自生した七島藺《しちとうい》を使用）を使っ

たけど、庶民は悪いござで琉球代用と言った。琉球表には大分青表（大分県国東半島で栽培・製造）という名前が付いてんです。実際にこれはね、青いうちは見れねえんですよ。だんだん、だんだん山吹色になって、いい色になります。普通のござと違って、目がほら立っているでしょ。糸が太いでしょ。ほんと、いわゆるサラサラ感があって、気持ちがいいんです。だけど、大分県も今はなかなか取れなくて、中国から製品になって入って来る（写真2）。

写真1　仕事場にて、本間駒吉さん

写真2　縁なし畳に使うござ。織ってない端の部分がひげ

写真3　手革《てがわ》とござを止める縁敷《へりしき》（まち針）。茶室や文化財など施主の希望で手縫いの仕事もある。肌が切れ、血が出て、たこになって初めて縫えるようになるという

写真4　江戸時代の庄屋屋敷であった岩室温泉高島屋の本館。囲炉裏のある部屋に合わせて本間さんが縁なし畳を入れた

台所もだんだん薄縁をやめてそういうござを貼った厚畳《あつだたみ》を敷くようになってきた。琉球畳、縁なし畳です。柔道場に敷くでしょ。

縁なし畳に付けるにはこのござを水で濡らして、ほんで折り曲げるんですよ。「ひげ」を利用して、畳の裏に折り込む。この隅を留めるに、うちは釘で留めないで、手で留めているんです。縁のある畳もおんなし、手で留めて、それを縫う（写真3）。

ひげを巻き込むからもう、表替えはできない。折り目を次に反対に折ると切れちゃう。一回で終わりです。その代わり、長くもつ。農家でもう四十年たったって、まだ依然として大丈夫ってうちがある。それがこの品物です。

琉球表のござは今はすごい高いです。いわゆる民芸品になってますので、一枚の単価は、おおよそ普通の縁のある畳表の三倍ぐらいです。岩室温泉の旅館でも昔の台所、茶の間みたいに鴨居がない部屋、長押《なげし》がない部屋、いわゆる梁が見える部屋には「俺の勝手していいかね」と言ってわざっと縁なしにした（写真4）。畳にもその部屋に合う顔があるわけだから。今年、三軒、普通のお座敷だけど日本建築で、豪邸の中でも、ここが一番の貴賓室ですよっていうところに入れました。

今、畳も藁床やめて、ボード系。米もみんな乾燥機でもって乾かして、天日干しって、このごろしないでしょ。ほんとは天日干しの藁を使った畳が一番いい。

日本のこういう歴史ある、その何だね、木を使った文化をみんな駄目にしてねえかね。我々からしると、藁とか藺草とか自然の物を木の建築の中に全部入れてるわけだよ。いわゆる踏まれる商売って、今、あまり良くねえんですけど、上がり心地のいい住まいをつくる職人の技術は残したいね。

（二〇一三年十一月取材）

新潟県岩室温泉の旅館高島屋に泊まったとき、座敷にこのごろあまり見なくなった縁のない琉球畳が敷かれていた。近くの本間畳店が入れたということで、日をあらためて、本間さんをお訪ねした。

琉球畳とはただ縁がない粗末な畳という意味かと思っていたが、かつて沖縄に自生していた丈夫なカヤツリグサ科シチトウを使っている畳であることが分かった。ちなみに普通の畳表はイグサ科イグサである。日本の琉球表の七島藺は大分県でつくられているが、値段が高くしかもあまりに整いすぎているので本間さんは中国産を使っているとのことであった。たしかに中国産の琉球表は手紡ぎ糸の紬のように見た目もざらっとして心地良さそうであった。倒れてもかまわなかった昔の藺草の栽培も悪くはないのかもしれない。

七島藺を日本で唯一栽培している大分県国東半島宇佐地区は二〇一三年に国際連合食糧農業機関（ＦＡＯ）により世界農業遺産に認定されている。東京オリンピックには前回同様琉球畳の会場で柔道の試合を行なったら、国内外の人たちに、畳やその材料の生産について知ってもらう良い機会になるのではないだろうか。

本間さんから部屋の使い方、天井の格子の方向によって畳の敷き方が違うとか、ござの目は左右対称とか、今まで意識したことのない約束ごとを教えてもらった。以来伝統建築の建物に行くと畳をよく見るようになった。しかしござの目が対称な畳はごくわずかであった。対称でない畳を見るとなぜか優越感を覚えるのである。

しかし優越感に浸っている場合ではない。マンションの宣伝を見ても、以前は一間《ひとま》は畳の部屋があったものなのに、最近は皆無といっていいくらい見かけなくなった。畳の部屋をなるべく入れるようにとか、国土交通省が業界に指導してくれないだろうか。

7　白蟻に喰われた材を新しくする――大工　嶋澤《しまざわ》 章《あきら》さん

昭和二十八（一九五三）年生まれ。埼玉県さいたま市南区白幡で十五代目当主として会津屋工務店を経営している。叔父の嶋澤弘さん、嶋澤恭雄さん（第1章第2節で紹介）から大工の技術を学ぶ。一級建築士。

かびが餌になって白蟻が寄ってくる

白蟻によくやられるのは、お風呂場、洗面所、結局水回りのところですよね。水が下に染み込んで、腐り始めてかびが生えてくると、そのかびが餌になって白蟻が寄ってくる。

あとは雨樋の集水器が壊れるとそこから尻回りして竪樋に伝わり、竪樋を止めているでんでんって金物があって、そこから柱にいく。そうすると、白蟻が柱の下のほうに寄ってきて、今度、柱を上がって行ったり、中のほうに行ったり。

土の中に巣があるようなこと、消毒屋さんは言いますよね。蟻道といって泥でトンネルみたいなの上がっていると、そこから蟻が出入りしてるわけです。食べ尽くしちゃうとまたどっか飛んで行ったりして。

写真１　自宅にて、嶋澤章さん

写真２　会津屋工務店内の文庫蔵。右手前は作業場。祖父嶋澤繁松さんの代に中山道沿いの商家に建築したが、再開発のため父嶋澤清治さんの代に譲り受けて移築した（会津屋工務店提供）

羽蟻が出たと言うと、そこのお宅の予算もあるので、行って殺虫だけして終わらせる場合もありますが、だいたいは腐ってなくなっているところを根継ぎしたりして、新しい材で埋めるという感じですかね。

「白蟻が出た、戸袋や垂木の端に泥が出ている、白蟻の被害がどこまでいってるか見てほしい」と呼ばれたことがあります。うちで増築してそんなにたっていない家でしたから、もう白蟻が付いたのか困ったなと思って行ったら、蟻道もなく白蟻ではなかった。うじむしをちょっと大きくしたような幼虫が繭にくるまれていて、さらに泥みたいに見える木くずで周りを固めてありました。板には削ったような小さなへこみができてました。蛾でしょうかね。木にはあまり良くないですが、白蟻じゃなくてほっとしました。

古い家だと、意外と白蟻は喰ってないんですよ。昔の家は、あまり手間をかけてないうちだと、風呂場は敷居があって、下はコンクリートというか、モルタルで、腰にタイルじゃなくてトタン貼ってあった。外の通気がいいから意外と乾燥している。また今みたく完全に囲われてないから、傷んでもすぐ修理できるような状態です。周りをモルタルとかタイルにすると、ほとんど中が見えないから、白蟻に喰われ放題喰われちゃってから気が付くので大変。

便所の直しもあります。便器の下のパイプと便器の接続のところのガスケットって接続する金物があるでしょ。そこが便器が長い間に、座ったりしてぐらぐらしてくると、ちょっと緩んで、その周りに、水が漏れる。下は、コンパネかなんかですから、ふやけてきて、かびが生えてくる。

便器は壊れてるわけじゃないから取り替えないで、その手前のタイル下地を貼っている板を取り替える。もし根太の部分が傷んでいれば、そこも取り替える。そう、やっぱり一日で終わらせないと。

土台や柱を丸ごと取り替える

白蟻にやられて、土台や柱、根太、床板、畳、建具まで新しく取り替えたことがあります。昭和十六年の家で施主さんに、「造ったときと同じに直してくれ」って言われた。内装も昔に戻して。当時の代用品の竹のレールや瀬戸物の戸車はさすが金属にしましたけど。

北側の納戸に使っていた四畳半で、東側の窓に物置をくっつけて、そこに車庫の屋根の水が落ちて溜まって、それで地面と土台のところの高さの差があまりなかったから、結局土台と基礎石の接しているところはいつも乾かない状態で、白蟻の巣になっちゃった。ほかも東と北は土台が回っていてみんな下が腐っていた。結局四年かけて全部土台を新しくしました。南側の部屋は石場建てで大丈夫でしたね。

土台だけじゃなくて、柱の上まで喰われていると、どうしても強度が落ちて取り換えざるを得なくなる。まず土壁を壊して取って、その上の部分の屋根瓦も軽くするためにいったん外しておく。それから、そんなに持ち上げられないのでジャッキで少し梁を上げて、仮の柱で支え、腐った柱を取る。新しい柱は先に新しく入れてある土台に横に長く溝を切っておいて、横から、払い込む（押し込む）（写真3）。で、溝をあとから埋めるっていうかたちです（写真4）。

基礎は大谷石だったけど、白河石に取り替え、基礎と土台の間に腐りにくい栗材の「ねこ」（隙間をつくる狭い板、空気抜けの風窓《かざまど》の替わりにする）を入れた。大谷石は日が当たると風化が進んで、どんどん削れていくんです。

上の建物が傷んでいない場合は、壁も全部は落とさないで、瓦も外さず土台と基礎石だけを取り替

写真３　白蟻に喰われた柱を新しく替えたところ。屋根の瓦、野地板を外し３本の仮の柱が梁を支えている（会津屋工務店提供）

写真４　古い角柱の下に直角に２本の新しい土台を入れる。土台の穴の横に溝が切ってあり土台を横から柱の下に払い込み、あとで溝を埋める

写真５　土台を新しくして古い大谷石を外したあとに新しい白河石の基礎を入れるところ

えたことがあります。まず桁《けた》が下がんないように、桁に板を打ち付けて、そこに突っ張り棒を留めます。下見板（外壁の板材）は一番下んとこだけ外して、角材を入れるところだけ床下の壁に穴を開ける。そして角材で地回りをジャッキアップする。地回りっていうのは、床下を支えるところです。

こうやって家が下がらないようにして、先に土台を取っちゃって、それから下の石を、外す。それで新しい土台をはめ込んで、横からこみ栓で留めておいて、角材にも縛り付けて土台が下がらないようにする。今度、石屋さんに新しい基礎の石を入れてもらう（写真5）。それから突っ張りを外すと。石屋さんは「こんな仕事するの初めてだ」って言ってましたけどね。

こういう工事は柱が表に出ている日本建築の家でないとできない。この間やったうちは今の外壁モルタルで中をみんな白蟻が喰っちゃった。中はいじれないので仕方なく殺虫だけして、外壁モルタルの外側に、下から軒下の桁まで新しく通し柱をボルトで抱かせ（取り付け）ました。

家に手間をかける技術

大工の修業みたいなのは、中学一年のころからかな、バイトということで、自転車買ってもらったりとかね。柱の穴掘りや、現場へ行って、建ったところの柱に貫《ぬき》通しなんかの簡単な仕事をやった。おやじは「仕事は人のやっているところを見て覚えるんだ」と、何か聞いても「若い衆に聞いてみろ」と言うだけで、教えるのは叔父さんたちでした。やっぱり失敗はありました。「二度手間なんか、見てねえ」とか「材料だって、ここまで仕上げてくるの、大変なんだから」とか怒られて。

関東大震災のときには沼影（JR武蔵浦和駅近くの元田園地帯）の農家が何軒か倒れたけど、うちで建てた家は大丈夫だったと叔父さんから聞きました。昔から手間かける仕事は会津屋という感じで、浦和の街のほうの大店にお得意さんがあって、普請道楽というような建て主さんもいました。

十五年ぐらい前かなあ。二十年以上前かな。農家の家をまた日本建築に建て替えるっていうのがけっこう多かったんです。家族が多いから、和室、畳の部屋を田の字に造ったりとか、昔ながらの入母屋の屋根にしたり、結局前の古い家と同じぐらいの大きさに造る。前と同じのがいいということなんですね。

今は日本建築の家の新築は少なくなってきています。プレハブとか、あとは、プレカットっていって工場で加工しちゃう。それがもう主流になってきましたもんね。コストと、入力さえ間違えなければそのほうが正確に加工できているから。昔は、墨壺持って、墨付けとかやってたんだけど、そういうのなくなっちゃいましたね。丸太使ってやる建物も減りました。

日本建築の仕事っていうと、水回りの改修とか戸の具合が悪いとか雨漏りするとかの古い家の直しですね。

「古い家で鴨居が下がって襖は削らないと閉まらない。直せるものですか」と相談されたことがあります。二間続きの座敷で宴会ができるように仕切りを襖四枚とかにするのは最近の家ではあんまり

写真6　吊束（右）、四角い枠の上にくさびが差してある（左）（会津屋工務店提供）

ないですけど、そこの鴨居は下に柱がないんで、長い年月で下がっちゃうことがあります。相談したお宅は戦前の家で、吊束《つりづか》だったので簡単に直せました。吊束っていうのは天井裏に束が梁の上に載っかっていて櫓《やぐら》みたいな枠がそれを吊っている状態なんです。下から鴨居をジャッキで押し上げておいて、吊束の上の枠にできた隙間にくさびを入れて鴨居を持ち上げました（写真6）。

吊束は今は面倒だって、もうやらないですね。手間のかけないやり方としては束の上の穴を余裕をみて深くしておく。そうすればそこまでは下から上げられるわけです。あとは、カチャ、カチャ、カチャッて上げられる金物があります。上げすぎちゃうと、今度、戻らなくなっちゃったりする。それももうやんないね。二間続きの座敷なんて造らないから。

浦和の街中でも明治時代の家に住んでる方がい

る。障子と雨戸だけでガラス戸が入ってない。息子さんは建て替えたいみたいですが、大旦那はその家に思い入れがいっぱいあって、「葬式はここから出してくれ、それまでこの家に住んでいる」って言うんです。

（二〇一四年七月、二〇一七年十二月取材）

浦和では古い建物の工法を熟知している会津屋工務店でないと伝統建築の修理はできないと言う人がいる。工務店の敷地内には中山道沿いの造り酒屋の離れだけでなく浦和宿の老舗の門、文庫蔵、洋館も移築されちょっとした民家園のようである。最近はとみに伝統建築の仕事がないと言う。なぜ日本人は自国のすばらしい文化を伝承しようとしないのだろうか。

8　水の流れを知り雨漏りを防ぐ——建築板金　大熊誠三《おおくませいぞう》さん

大正十一（一九二二）年〜平成二十六（二〇一四）年。埼玉県蕨市で大熊板金を経営、二〇〇九年まで現場で働く。長男章一さんと孫慶一郎さんがあとを継いでいる。現在の蕨戸田建設高等職業訓練校設立に関与し、半世紀講師を勤めた。

一人前の板金屋になる

叔母が金物屋をやっていて、裏の作業場で叔父が板金屋をやっていた。私は十五のときにそこへ行かされた。就職した日に「俺は忙しくて行かれねえんだから、おまえ行ってこい」って親方の叔父に言われて半纏《はんてん》を着て上棟式に出た。二日目から職人と一緒に現場に行って「あれ持ってこい」「これ持ってこい」って使い走りです。

叔父のところは、一般住宅の屋根とか庇《ひさし》や雨樋の仕事が主だった。茅屋根にトタンかぶせるのもやった。あれは簡単に載ってるだけ。トタンが飛ばないように下から針金で結わえてるだけですよ。戦争中で材料がなかったせいかトタンばっかりで銅はなかったな。

トタンは十年くらいで腐っちゃうでしょ。ペンキを塗らなくちゃならない。樋も取り替えなきゃ駄目だ。今は既製品だけども昔は全部手づくりで、日の短いときは毎日残業ですよ。トタン持って来て明日取り付ける物を夜つくっていた。

二年目になってから、先輩がうちへ帰ったり、独立したり、軍隊に行ったりして、最後は私一人になった。で、親方が三年目に亡くなって、今度は全部一人でやることになった。十八でした。本当に大変だった。今の子供じゃできないですよ。

軍隊でも修理をやっていた

三年やって二十一で現役で軍隊に行った。もう生きて帰ってこられないと思っていました。お得意先回りをして、全部畳んで行きました。

ラバウルに三年半いて、そこでも仕事です。空襲でやられるけど建物の修理なんていうと誰もいない。「ちょっとやってくれ」って、大工もいたんでコンビであっちこっちから頼まれてやった。

トラックが爆弾でやられて、ラジ板（ラジエータ）が駄目になった。穴ふさいちゃえばまたトラックが使えるからハンダで直したら、「なんでそんなによく知っているんだ」って、今度は屋根だけでなく、自動車の修理も行かなくちゃいけない。いろんなところに飛んで歩ってた。

「畑行くんだけど、スコップがないよ」とか、「鍬《くわ》が駄目になっちゃったよ」って言われると、明くる日、朝、行くまでに直してやったりね。飛行機の残骸なんかあるでしょ。それ持って来て、スコップつくったり、鍬をつくったりね。鎌をつくったり。

防空壕は兵隊が、山掘りやった。ざくざくざく掘れる。アーチ型で天井はないの。掘りっぱなしでも土は落ちてこない。防空壕は、山を切り抜いてあるから、一トン爆弾を落とされても、平気なの。召集で行った人っていうのは、うちに家族を残してきていたから、空襲っていうと、防空壕に飛び込んだりなんかしてた。ところが、私ら現役で行ってた人は、当然死んで帰るんだから平気だなんて、空見てる。

私は第八艦隊司令部にいた。そこは配給をするところなんで食べ物には不自由しなかった。マンゴーあるしね、パパイヤやバナナもいっぱいあるし。バナナの本当の熟したやつっておいしい。皮が、まるで紙みたいですよ。向こうの名前でいうと、シャシャップとかって「パンの実（パンノキの果実）」は、熟すとクリームになっちゃう。お菓子みたい。

食べられる魚は、獲れない。魚は、熱帯魚だからね、駄目。豚は、野放しのを、お金出して地元の住民から買った。

温泉もあった。掘れば、熱いお湯が出ちゃう。川の端《はた》を掘って、川の水で薄めて入る。何不自由ないんです。お酒をつくるのもやりましたよ。

自分は戦闘はしなかった。戦争中なのに仕事はあるし、食べ物はおいしいし、死ぬ気で行ってましたからね、ラバウルでは、こんな楽しいことはなかった。

近所から行ってる人で、ラバウルの、その前の島にいた人がいたの。帰ってきてから聞いたんです。その島には食べ物はないし、それこさね、「普通の蛇とか鼠なんていうのも、どこに行ったっていない。何にも食べる物ないんだよ」って。で、「なんで。うちに取りに来りゃよかったのに」って冗談言った。そのくらい、周りの島の人はひどかった。

私は本隊だから今日東京にどんな空襲があったか、日本の本国は今日どこを爆撃されてどれだけ被害があったかって、全部知っていました。何とか中将が太平洋回ってアメリカに行って交渉していたらしいとか。終戦も二日前には知っていました。

第二の人生は伝統建築の仕事

軍隊から帰って来て、二日目からお得意先回りして、三日目から仕事ですよ（写真2）。

第二の人生は神社、お寺ばかり。二〇〇以上やりました。

なぜそっちのほうにのめり込んだかっていうと、うちのそばに三学院っていう菩提寺があって、その仁王門の屋根を銅板で直してくれって言われた。住職が呼んだのが秩父の荒木（現（有）荒木社寺設計の故坂本才一郎さん）だった。つーっと見て回って、「あ、これは昔はこういう屋根だった」って言うんだ。中は全然見てないのに。地元の大工さんが来て、「そんなばかな話ないよ」って言った。「じゃ見てみるか」って端のほうを壊してみたら本当にそのとおりだった。

その縁で坂本さんに「おまえ、こっちもやれ」「あっちもやれ」って、秩父のほうまでずいぶん遠くへ行って神社仏閣の仕事をした。一般の板金屋には分からない理論的なことを、そういうところで教わって、それを自分で工夫してやったんですよ。

訓練校に行って教えたんだけども、「やったことねえから分かんない」って言う。それでは何年やったって駄目だ。分からなかったら自分でここはこういうふうにやるって考えなきゃ。十人十色じゃないけども、勘の悪い人といい人とすぐ分かる。やっぱりこういう建築っていうと勘のいい人じゃない

写真１　大熊板金作業場にて、大熊誠三さん

写真２　復員して最初につくった図案を再現した亀の「鮟鱇《あんこう》（軒樋と竪樋をつなぐ部分）」。左側には鶴を配している。職人は意匠を競ったものだという

と駄目ね。

板金の腕で家のもちが違う

自然の水の流れを見ることが一番大事なんです。家を造るときに大工さんが下地を造りますよね。そこを板金屋は落ちた水がどこを流れて行くか、自然の力をいかに守っていくかを頭の中に入れて、そこを加工しなきゃいけない。家が何十年だけになるか何百年もつかは施工のときに決まるんです。

修理はいろんな場合があるから非常に難しい。それでも昔の人はある程度理論が頭に入っていたんでできた。昔は既製品がなかったから、自分で叩いてつくったもんですよ。ところが既製品ができてから駄目になった。自分で考えなくなった。

屋根の入り組んでいる谷っていう場所があるでしょ。棟から流れて来た水は両方の勾配が違うから真っすぐじゃなく行きたいほうへどんどん行っちゃう。水の流れで銅板の継接《つぎはぎ》のやり方は違うんです。水の流れが分からないと、やり方を間違えて水を中に入れてしまう。

大宮の神社で雨が漏ったと言われて行ってみたら、やっぱりその継接の仕方が違っていた。全部やり直さなくちゃならない。なんでそんな難しく直すのかって言われた。理論的に説明していたら大工さんが来て、「なんでそれだと流れないんだ。実験してみるか」って言う。流してみたらば、ちゃんと私の言ったとおりに水が流れた。

腕の善悪《よしあし》に関係なく、おっかないのが酸性雨でもって銅板に穴が開くことですね。瓦も昔は燃してつくったんでしょ。今はきれいに仕上がるように薬を塗っちゃう。そんなのが垂れてくる。水が落ちてすぐのところが真っ白になっちまう。瓦からちょうど水が落ちるところだけに、穴が開く（写真４）。

写真３　屋根に載せる鬼をつくる長男大熊章一さん（左）と孫の大熊慶一郎さん

写真４　谷の修理をする大熊さんと孫の慶一郎さん

昔はそんなことはなかった。時代が悪いんだね。最近は銅板に塗る樹脂があるそうだけど。あと管理も大事。雨の日に見回るなんていいね。下水に直結している雨樋は詰まってないか気を付けないといけない。噴いちゃうと困るんです。水が土台の下に入ったりするから。それから樋を柱に付けるでんでんっていう金具。柱から前に出ていればいい。けれども柱にくっつけていると余計に悪い。柱に水が伝わってしまう。雨樋があるから安心なんて、そりゃ駄目ですよ。水がどこをどういうふうに流れていくかって見ないとね。

（二〇一二年十一月取材）

屋根のつなぎ目や雨樋など板金も雨漏りを防ぎ、家の維持に重要な働きをする。なんでこんなところから雨が漏ってくるのだろうと思うようなときは、しばしば板金の不具合が原因のことがある。九十歳近くなっても屋根に上がって実際に板金の作業をしていた大熊さんに話をうかがった。

何でも自分でつくってきた経験、伝統建築の名人坂本氏から学んだこと、また戦地での体験など時間のたつのを忘れるほど興味深いものであった。

大熊さんは二〇一四年に亡くなったけれども、家族だけではなく、職業訓練校でも育ててきた後継者がいるのは心強いことである。

9　昔の家でも便利に電化

――電気　清野勝範《せいのかつのり》さん

昭和十七（一九四二）年生まれ。埼玉県さいたま市南区で電気工事、電化製品の修理・販売を行なう清野電機を長男勝夫さんと営む。

電化で快適な生活

昔の家の配線っていうのは全部、露出だったね。ノップ配線です（写真1）。ノップって、碍子《がいし》です。電線が二本で、離れて張ってある。昔の建物なんで配線が古くて心配だから全部新しくしてほしいと言う依頼はときどきあります。また見栄えが良くないから取り替えるとか。えっ、ノップ配線が格好いいんですか？　そういえば居酒屋さんだとかでわざに露出配線でやってることがありますね。でもあれは見せかけだけです。今でもノップ配線はやろうと思えばできます。鉄筋コンクリートの建物に使うＩＶ線っていうのがあって、これは中が一本の電線なんで、これを使えば昔の配線はできます。

電化製品が多くなりましたから、昔風のお宅ではコンセントを増やしてほしいとか、スイッチにしてほしいとかの仕事があります。電灯なんかは昔は紐で付け消し、ほとんどがこれでしたけどね。昔でも、ちょっとお金をかけたお宅は、壁の中に鋼管パイプを通して配線して、スイッチでやってまし

写真１　明治末期建築の家の屋根裏の中２階で、昔のノップ配線を外す工事をする清野勝範さん

たね。

伝統建築で柱に電線を這わせなくてはならないって場合は、今のプラスチックのカバーじゃなくて、家に合わせて昔風の木製ボックスのモールで被してしまうということですね。電線を見せないようにするには、錐《きり》でも、長さ一メーター二〇ぐらいのボード錐って、あるにはあるので、やろうと思えば、その長さぐらいまでは、柱の中でも電線を入れられます。あとは、遠回りになるんですけれども、たとえば、電線を壁の中に入れてきて、床下通して、コンセントやスイッチんところまで持ってくるっていうことかな。壁の中に鋼管パイプが入っているところは、そこまで電線が下りていますから、そこの先でちょっと壁を削ればコンセントやスイッチは付けられます。壁の上塗りを新しく塗り直すときには一緒にパイプを壁に

入れる工事をするときれいにいきます。

昭和の初めの建物で、電線に鉛の配管を使ってありました。初めて見た材料で、僕らもびっくりした。輸入物だと思います。昔開業していたお医者さんの家だったから、ドイツ製かもしれない。当時普通は鋼管で瀬戸のパイプもありました。今は、ビニールパイプが多いですけれど、CD管だとかいろんなものがあります。

昔の配線は安全か

昔のノップ配線は電線が離れているから絶対ショートしない。安全っていえば安全。鼠にかじられたって、大丈夫。今の電線で、中が二本ないし三本一緒になったFケーブルなら感電するかと思うんですけど。天井裏で鼠がかじったのは山ほど見ました。電線を持ち上げるとバチーンってショートするくらいかじっていますから。一〇〇ボルトや二〇〇ボルトでは鼠は感電しないんですね。

ノップ配線でも電線がくっついているところもあった。そういうところは絶対安全とは言えないです。電線を外から天井に引き込むところとか、さっき言った壁に、電線を通すために貫通させた鋼管パイプや瀬戸の管（碍《がい》管）の中とか。

また、三本線もあります。電線が二本だけでは階段みたいなところで上で消したり、下で消したりっていうことができないから、三本電線にして三路スイッチにしてたところです。それも昔は木製のモールでカバーして柱に電線を沿わせていたもんです。

今風のビニールのＦケーブルならばいいのですけど、昔の電線って、中がゴムで、外が布だったんです。ですから、長く使っていると、これが風化してボロボロになって、電線が一緒になっている管の入口出口でショートするということがあります。

この配線のもう一つの欠点は、ジョイントする場合、電線をグルグルグルっと巻いて、仕上げをハンダ付けにしちゃうこと。ハンダも長い間使っていると、離れてしまうんですよ。この接触不良の火災があります。

ソケットでも、そうなんですよね。昔のコードは、布のやつで、中、ゴムじゃないですか。ソケットのところでねじの締め付けが緩んできて、接触不良を起こすんです。電線というのは使っているとだんだんだんだん瘦せてくる。電線が緩んできちゃう。そうなると、この接触不良から加熱して発火します。

昔のこの電線は、中のゴムがね、熱で溶けちゃうんです。溶けると気化しちゃうんですよ。チカチカ、チカチカとライターで火を付けたみたいに、ポッと、その煙に火が付くことがある。そうすると、ゴムですから、ヒューっと燃えて、火が走っちゃうんです。運良く、ノップが近いところにあれば、先まで延焼しないで止まってくれる可能性がありますが、この間《かん》が長くて、そばに何か運悪く燃える物があるというと、火が付く。

今のＦケーブルの中は絶縁された電線を二重にビニールで被覆してありますからまずショートすることはない。

あとはほこりによる火災が多い。最近のほこりは金属が多く含まれている。冷蔵庫の裏などにコンセントがあって、何年も挿し込んだままで使っているじゃないですか。そうすると、プラグとプラグの間に、今言ったいろいろと金属の含まれたほこりがたまって、漏電、ショートすると。

とにかく漏電ブレーカーを付けてもらいたいですね。

いろんな仕事をして生きてゆく

うん、農家だよ、うちは。田舎は山形。昭和三十三年、中学校出たんだから十六です。で、埼玉、北浦和の家電の材料屋さんへ就職させてもらった。

本当は鐘紡に行くわけだったんですよ。ノンプロの野球で。僕は中学校でショートとピッチャーだった。先輩が先にノンプロで行っていた。ほとんど行く予定だった。昭和三十三年はなべ底景気で景気が一番悪いときで、紡績会社全社が縮小してみんなもう駄目になるという時期だった。就職も駄目になった。中学の先輩も戻ってきちゃった。「清野、俺もこうやって帰ってきちゃったよ。おまえも行かなくて良かったなあ」って、言われた。それから就職探しだから。

近所の人の世話で就職したのは、家電の卸屋さんで、そこにしばらくいました。電気工事屋さんが、

著者略歴

原田 紀子（はらだのりこ）

1948年埼玉県生まれ。東京大学理学部卒業。元国立科学博物館勤務。「国立科学博物館ニュース」の取材をきっかけに、伝統技術についての聞き書きをはじめる。伝統建築愛好会「浦和宿けやきの会」主宰。著書に農文協・人間選書『西岡常一と語る　木の家は三百年』（1995年）、同『伝統技法で茅葺き小屋を建ててみた』（2008年）、『聞き書き 着物と日本人——つくる技、着る技』（2001年、平凡社新書）ほか。

聞き書き　伝統建築の家

造る 住む 直す 職人の技

2019年4月25日　第1刷発行

著者　原田 紀子

発行所　一般社団法人 農山漁村文化協会

〒107-8668　東京都港区赤坂7－6－1

電話　03（3585）1142（営業）　03（3585）1144（編集）

FAX　03（3585）3668　振替　00120-3-144478

URL　http://www.ruralnet.or.jp/

ISBN978-4-540-18174-0

〈検印廃止〉

DTP制作／（株）農文協プロダクション

印刷・製本／凸版印刷（株）

定価はカバーに表示

乱丁・落丁本はお取り替えいたします。